AF444161

ADN PYME

CLAVES PARA DARLE VIDA
Y MEJORAR TU PYME

JONATAN **LOIDI**

COLABORA
JULIÁN "BAITA"
GONZÁLEZ

GRANICA

ARGENTINA - ESPAÑA - MÉXICO - CHILE - URUGUAY

ARGENTINA

Ediciones Granica S.A.

Lavalle 1634 3º G / C1048AAN Buenos Aires, Argentina

granica.ar@granicaeditor.com

atencionaempresas@granicaeditor.com

Tel.: +54 (11) 4374-1456 1158549690

MÉXICO

Ediciones Granica México S.A. de C.V.

Calle Industria N° 82 Colonia Nextengo Delegación Azcapotzalco

Ciudad de México C.P. 02070 México

granica.mx@granicaeditor.com

Tel.: +52 (55) 5360-1010 5537315932

URUGUAY

granica.uy@granicaeditor.com

Tel: +59 (82) 413-6195 FAX: +59 (82) 413-3042

CHILE

granica.cl@granicaeditor.com

Tel.: +56 2 8107455

ESPAÑA

granica.es@granicaeditor.com

Tel.: +34 (93) 635 4120

www.granicaeditor.com

ISBN 978-987-8935-37-9

Hecho el depósito que marca la ley 11.723

Impreso en Argentina. *Printed in Argentina*

Loidi, Jonatan
   ADN PyME : claves para darle vida y mejorar tu PyME /
Jonatan Loidi ; Julián González. - 1a edición especial -
Ciudad Autónoma de Buenos Aires : Granica, 2022.
   288 p. ; 22 x 15 cm.

   ISBN 978-987-8935-37-9

   1. Coaching. I. González, Julián. II. Título.
   CDD 658.022

Dedicado a la memoria
de mi abuelo "Flaco",
uno de mis mayores
maestros en la vida...

Índice

Agradecimientos

La lista de agradecimientos es tan grande que tengo miedo de dejar afuera a muchos.

Este libro llega en un momento justo, donde siento que tengo la experiencia y el recorrido suficientes para poder hablar con autoridad del mundo pyme. Pero el camino no lo recorrí solo, por el contrario, siempre estuve acompañado de mi familia, amigos, clientes y cientos de maestros que con sabiduría me criticaron, alentaron o simplemente me acompañaron. También es un fiel reflejo de la era de la asociatividad, ya que a lo largo de todos sus capítulos recurrí a colegas y referentes de distintas áreas para mejorar el contenido y escuchar de primera mano a los expertos. Entre ellos: Pablo Marek, Carlos Canudas, Jorge Hambra, Carlos Sosa, Diego Merena, Agustín Mundiña, Loreley Albornoz, Omar Mastandrea y Federico Rocha.

A Julián "Gaita" González, quien me acompañó codo a codo en este proyecto, desde su idea inicial hasta su finalización, con aportes y sobre todo con contención y apoyo.

A mis socios de Set Consulting, con quienes hemos compartido consultorías y viajes debatiendo sobre cada uno de los temas aquí desarrollados.

A mi corrector de estilo Willy Robles, sin cuya colaboración este libro sería un desorden y una mezcla rara de conceptos sin sentido.

A mi esposa Majo y mis hijos Lucas y Tomás, quienes siempre apoyan y acompañan con su inmenso amor.

A mi abuela Pocha por ser una constante fuente de inspiración y admiración.

A mi papá Tomy por ser mi fan número uno.

A mis colegas y profesores, que sin saberlo, fueron fuente de inspiración y consulta: Daniel Elhelou, Guillermo Spitznagel, Alicia Caballero, Sebastián Bago, Luis Churio, Luis del Prado, Hernán Schuster, Fernando Canepa, Santiago Bilinkis, Miguel Sturla, Matías Pons Lezica, Sebastián Campanario, Martina Rua, Claudio Zuchovicki, Diego Bouchoux, Mariano Fernández Madero, entre muchos otros.

A Martín Quirós, José María Quirós y Mónica Román por confiar en mí cuando recién empezaba, y enseñarme tanto del mundo pyme.

A mi madre, Cristina Robles, esa estrella que siempre me guía. A Germán Pérez, mi primer socio.

A Sergio Ardanaz, mi segundo socio y de quien aprendí mucho. A Emiliano Piscitelli por ser mi hermano.

A todos mis clientes y alumnos, de quienes siempre aprendí más de lo que les enseñé.

Consideraciones previas

Desde pequeño siempre soñé con tener un negocio, una empresa, y ser reconocido por ello. Siempre me atrajeron las historias sobre las empresas y las personas que habían alcanzado el éxito con sus emprendimientos, que habían aportado cosas importantes a la sociedad. Me la pasaba leyendo biografías de personajes históricos como Churchill, Napoleón, Colón, Henry Ford, o de otros más actuales como Bill Gates o Steve Jobs.

Uno de mis primeros emprendimientos fue vender revistas usadas con un amigo en la vereda de mi casa. A los 10 años, y con una inversión más importante, logré montar un vivero en miniatura. Lo gracioso era que compraba las plantas a tan solo cuatro cuadras de mi casa, y casi todas las ventas eran a mi madre, abuela y vecinas de la cuadra... a un precio que duplicaba el de mi competidor y proveedor. Siempre guardo un hermoso recuerdo de aquellos tiempos, de aquellos primeros experimentos-emprendimientos comerciales que tenían tanto de juego. Lo que más valoro son las posibilidades que me dieron la vida y mis padres para hacer siempre aquello que yo creyera mejor; jamás le pusieron límites a mis iniciativas.

Muchos años después con mi amigo –hermano de la vida y socio por muchos años– Germán Pérez, sentimos la necesidad de emprender algo. Pensamos que debíamos buscar la forma de tener nuestro propio proyecto, algo que nos permitiera aplicar todo aquello que veníamos estudiando en la carrera de Ciencias Económicas.

Decidimos, luego de varias ideas bastante alocadas, comenzar con lo que en ese momento era toda una novedad: invertir algunos ahorros y usar la computadora de la madre de Germán para hacer copias de CDs con música mezclada; compilados que luego venderíamos a amigos, familiares y algún que otro cliente.

Recuerdo que en el primer mes perdimos aproximadamente cien discos sin poder siquiera grabar uno solo. Estábamos al borde de la quiebra, sin fondos y sin una solución para nuestro desesperante problema.

Todo parecía terminar allí, una idea frustrada, un proyecto de adolescentes. Pero luego de varios intentos, un día descubrimos cuál era el problema técnico; de ahí en más, las ventas de discos fueron constantes.

En ese entonces, yo vivía con un amigo en un típico departamento de estudiantes, bastante desordenado, con unos vecinos muy ruidosos y no demasiado preocupados por la estética y el orden.

Un día, sorpresivamente, sonó el teléfono: era un amigo de un amigo preguntando si vendíamos insumos de informática; necesitaba, específicamente, un *mouse*. Me salió responderle no solo que sí, sino que teníamos varios modelos para mostrarle. Quedamos en que en media hora pasaría a buscarlo por mi "oficina" (mi casa), por lo que inmediatamente me vi obligado a ir en bicicleta hasta un proveedor que quedaba a veinte cuadras, comprar un *mouse* y volver antes de que el cliente llegase a retirar su pedido.

Lo logré, con cinco minutos de ventaja para acomodar el ratón en una repisa y así atender al primer comprador de la que, con el tiempo, se transformaría en una exitosa empresa de informática. ¡Por suerte había pedido algo que podía cargar en una bicicleta!

Es posible que en este momento estén a punto de cerrar el libro y revisar el título, para ver si no compraron por error la novela de algún loco soñador; una más de las tantas historias de gente que empezó con nada y que con el tiempo logró tener algo sustentable y real.

No se preocupen, el título está bien. Quería empezar con esta breve historia porque sé que muchos de ustedes podrían sentirse identificados y crear algún tipo de analogía con su propia historia; quizás otros estén empezando a pensar en cómo llevar a cabo su sueño.

Un sueño es un sueño: no existen mejores o peores. Todos merecen la pena e, independientemente del resultado final, siempre vale haberlo intentado.

Todos los días Dios nos da un momento en que es posible cambiar todo lo que nos hace infelices.
El instante mágico es el momento en que un sí o un no pueden cambiar toda nuestra existencia.
(Paulo Coelho)

Varios años después de lo que les contaba, viajé a Mar del Plata para dictar unos cursos y me tocó compartir la habitación con una excelente persona. Por algún motivo, esa noche no podíamos dormir y, casi sin conocernos, empezamos a hablar de nuestros sueños. Él era dueño de una importante empresa de software que, al igual que la mía, había empezado desde cero.

Serían las cinco de la mañana cuando, tras haber discutido sobre los factores que permitían que algunos sueños se volvieran realidad y –más difícil aún– que se mantuvieran en el tiempo, llegamos a la conclusión de que deberíamos investigar y luego volcar en un libro alguna clase de metodología para que todos los soñadores pudieran ordenar y hacer realidad sus ideas. En otras palabras:

comprender el proceso de realización de un proyecto o plan de negocios desde su etapa inicial hasta la puesta en marcha, además de su posterior gestión.

La persona con quien compartí habitación aquella noche se llamaba Javier Bazo. Lamentablemente, nunca pudimos concretar esos planes juntos: falleció un año después a causa de una enfermedad terminal. Este libro está dedicado a su memoria, a sus sueños.

Prólogo a la tercera edición

Casi cuatro años pasaron de la primera edición de este libro. Un libro que nos trajo muchas satisfacciones. Una de las más importante fue el reconocimiento de muchísimos lectores sobre el contenido de este y su estrecha relación con la realidad pyme.

Desde esa primera edición a esta pasó de todo en el mundo y en nuestro continente. Desde una pandemia que nos tomó por sorpresa a una guerra que aun hoy sigue vigente y con final incierto.

Lo que ya anticipábamos años atrás, sobre un entorno de negocios cada vez más complejo, no solo se consolidó sino que se potenció. Este nuevo mundo no es para improvisados. Ya no es suficiente contar con ganas y sentido común para tener éxito.

Es necesario dominar los números, gestionar la estructura y pensar estratégicamente con foco en comprender la aceleración del cambio.

Entre esa primera edición y ésta escribí tres libros más y tengo en proceso otro, pero quiero confesarles –espero que mis otros libros no se pongan celosos– que este libro es el que más quiero. Es mi preferido porque en él se expresa mi pasión y sentir respecto de lo que es, para mí, el motor de la economía y mi mayor esperanza para el futuro. Las pequeñas y medianas empresas son el motor de la economía y del empleo.

Dicho esto quiero aprovechar para invitarlos a tomar conciencia sobre algo que es importante y que debería ser la mayor motivación para emprender y ser empresario.

Creo que todos sabemos a esta altura que no existen las recetas mágicas y que no podemos confiar en la política para mejorar la vida de las personas. Ojalá esto algún día cambie, pero no creo que sea en el corto plazo. Nosotros, los emprendedores y empresarios, somos los que podemos brindar una ayuda a la sociedad desarrollando nuestros negocios, ya que, si lo logramos, estaremos generando riqueza y trabajo, dos componentes fundamentales para el desarrollo de una sociedad. Pero quiero advertirte algo: no esperes que lo reconozcan, que te lo agradezcan. Esto es una de esas cosas que debes hacer sin esperar el reconocimiento del resto; hacerlo porque es tu vocación, porque quieres aportar algo a la sociedad, porque quieres ser mejor, porque quieres impactar en la vida de los que te rodean, porque quieres dejar un mejor futuro a tus hijos.

También quiero dejar en claro que no me gustan las excusas. Ya sabías que este país era complejo antes de emprender y, creo, sabias que era difícil que cambie. Con esto no digo que debes callar, pero tampoco perder mucho tiempo lamentándote. Eres un luchador o luchadora que todos los días se levanta para salir a superar problemas y, como en una maratón, no puedes a mitad del recorrido preguntarte si está bien. Debes dar todo para llegar a la meta y recién allí es donde vas a ver si valió la pena o no.

Quiero invitarte a un recorrido donde lo primero que debes hacer es dejar de lado tus creencias y estereotipos, eso que te trajo hasta aquí. Debes tomar este libro como una invitación a reflexionar, a pensar fuera de la caja, a revisar con mucha objetividad la realidad. No esperes encontrar buenas noticias, es muy posible que muchas páginas sean una cachetada, pero esa cachetada puede ser el principio del cambio que necesitas para mejorar.

Este libro, como todos los que escribí, surge de la experiencia de consultoría, conferencias y cientos de horas de clases. No lo escribo desde la teoría: lo escribo desde mis vivencias, desde lo que aprendí con muchos de ustedes.

Te invito a leer y releer cada página, no pases las hojas con el único objetivo de llegar al final. Te invito a detenerte después de cada capítulo y a reflexionar.

Este libro pretende ser un llamado a la acción para que puedas seguir creciendo y, sobre todo, para incentivarte a disfrutar de tu negocio.

Te invito entonces a este recorrido y estoy a disposición para cualquier consulta o duda.

Jonatan Loidi
CEO Grupo SET

Introducción

Escribir este libro es para mí una gran satisfacción, no solo por lo que significa escribir un libro, sino porque realmente me siento un "pyme". Como suele decirse popularmente "ser pyme es un sentimiento".

Este ensayo no pretende ser solo una descripción de los problemas comunes a las pymes; mi propósito es generar en ustedes una profunda reflexión sobre cómo están gestionando sus empresas y dotarlos de herramientas simples y aplicables a su realidad.

Debo ser sincero y decirles que escribir este libro fue relativamente fácil; y que en parte responde a numerosos pedidos de los seguidores de mis conferencias y artículos, que me solicitaban un libro donde reuniera todo lo que escribo y las ideas que expongo en mis conferencias y consultorías. Este libro es, en gran medida, un *racconto* de muchas de mis notas publicadas, sobre todo en *Forbes*, para mi sección sobre pymes y otras tantas que he ido escribiendo a lo largo de los años en distintos medios.

También debo aclarar que si bien cuento con una base teórica, producto de mis más de cinco estudios de posgrado, la gran mayoría de las exposiciones de este libro se basan más en la experiencia que en la teoría: algo vital para poder entender el intrincado mundo pyme.

Creo firmemente que esta obra será un aporte importante a la sociedad pyme y dará una base, no solo para el propio pyme, sino para todos los que asesoran o quieren vincularse con ellos, para mejorar así el ecosistema pyme en su conjunto.

Es ambicioso, pero basado en cuestiones muy concretas y simples.

El mundillo de las pymes es un lugar que solo pueden conocer y entender quienes fueron ahí; difícilmente puedan entender la magnitud de la problemática pyme sin haber vivido una temporada en esa dimensión, para muchos desconocida, temida e inexplicable.

¿Por qué escribir un libro sobre pymes? Por varias razones: primero, porque, dependiendo del país y del rubro, las pymes suelen constituir más del 50 % del total de las empresas; por otro lado, porque, sorprendentemente no existe mucha bibliografía destinada a este segmento. ¿La razón? Realmente no la sé; me imagino que es porque les parecerá poco glamoroso.

De paso, aprovecho para hacer una crítica abierta y profunda sobre la educación universitaria, al menos en mi país. La carrera de Ciencias Económicas tiene una mirada bastante general y, luego de superar las materias de base como matemáticas, estadística, historia, etc., se concentra de lleno en teorías, que en su gran mayoría fueron creadas y desarrollas en otros países y aplicables solo a grandes organizaciones. Muy poco se trabaja sobre el intrincado mundo de las pequeñas y medianas empresas.

Se forman egresados para trabajar en Coca Cola, pero no para hacerse cargo de la realidad de una organización que dista muchísimo de las grandes corporaciones. Así, cuando esos jóvenes egresan –más del 60 % trabajarán en pymes–, no cuentan con preparación o adaptación para desenvolverse y generar valor en esas organizaciones; y tienen entonces que reinventarse, lo que muchas veces suele ser un proceso muy frustrante e insuficiente para las necesidades del empresario.

¿Por qué estaría yo autorizado a escribir sobre esto? Porque nací ahí y hace más de diez años que asesoro –junto a mi equipo de consultores– a más de doscientas empresas de todos los rubros y realidades que se puedan imaginar.

Es que hablar de las pymes como si fueran una sola cosa, es de por sí un grave error. Tenemos que entender que, cuando hablamos de pymes, por lo general hablamos de tres grupos. Por un lado, las microempresas, que son aquellas que superaron la etapa de emprendimiento y que, por lo general, son comercios o empresas de servicios con pocos empleados y estructura; cabe destacar que en cantidad son las más numerosas de todas. Luego les siguen las pequeñas empresas, las que ya tienen una mayor facturación, complejidad y cantidad de empleados. Por último, las empresas medianas: organizaciones con mayor complejidad y niveles jerárquicos.

¿Por qué leer este libro? No importa si son empresarios pymes, ejecutivos de una gran empresa o empleados del Estado. Este libro les va a servir para comprender mejor cómo piensa, siente y vive el empresario pyme. Este conocimiento les puede facilitar, no solo el hecho de venderle, sino también cómo ayudarlo, y de esta forma aportar una mejora a la sociedad en su conjunto.

Por último, en esta breve introducción quiero pedirles a todos más respeto por el empresario y sobre todo por el pyme. En mis años de consultor y docente aprendí que no existe mejor empresario que el empresario pyme. El pyme invierte todo lo que puede en su empresa. Antes de echar a un empleado, va a buscar todas las alternativas posibles para evitarlo; resiste con entereza los avatares de los gobiernos y contextos externos y en muchos casos, solo. Si queremos una sociedad con más trabajo, más justa y más equitativa, sin dudas hay que apuntar a mejorar el ecosistema de las pymes.

Las preguntas suelen ser útiles disparadores para autoevaluarnos; cada capítulo aportará una pregunta final que tendrán que responder, y esa respuesta les servirá como prueba y guía para saber por dónde deben empezar a mejorar.

Los invito a compartir este viaje con una mirada crítica y objetiva.

Si no se sienten identificados, no se lo tomen como algo personal. Si se siente identificado, es porque es un pyme.

¡Ser pyme, una bendición!

Desde que tengo memoria me he desempeñado en estrecha relación con el mundo pyme, como empresario o como consultor.

Es común ver a los pymes quejarse de su condición; de que todo les resulta difícil y que no cuentan con ninguna ayuda.

No es extraño ver a un empresario pyme no involucrarse en lo más mínimo y, al mismo tiempo, estar pendiente de todo.

Es como si solo fuera un FODA que, en vez de describir cuáles son las fortalezas, oportunidades, debilidades y amenazas, solo se concentra en las últimas dos.

No voy a negar que es complejo, pero es mi intención mostrarles que ser pyme, es una bendición.

Ser pyme significa ser ágil.

Ser pyme implica estar cerca del mercado y las necesidades de los clientes.

Ser pyme no es contar un sueño, es vivirlo todos los días. Ser pyme es relación con el público y no transacción.

Ser pyme es conocer lo que se hace y de lo que se habla.

Ser pyme implica conciencia social y responsabilidad hacia todos los que trabajan en la empresa.

Ser pyme es el mayor aporte que uno puede hacer a su sociedad, porque el trabajo es la mayor fuente de estabilidad de cualquier país. Ser pyme no es ambición, es convicción y pasión.

Ser pyme es sacrificio, como el de esos héroes de la historia que sacrificaron todo por el bien de la mayoría.

En el mundo actual ser pyme es una bendición. ¿Por qué? ¡Ya se los dije! Porque tienen flexibilidad, construyen relaciones, conocen a sus clientes, generan equipos comprometidos y, ¿saben qué?: eso, las grandes empresas no lo pueden hacer o les cuesta mucho. Al crecer despersonalizan las relaciones, pierden contacto con el cliente y sus necesidades; los empleados son un legajo y una ficha en un tablero.

¿Si es fácil? ¡Claro que no! ¿Qué es fácil? ¿Acaso escalar una montaña, lograr un récord olímpico o criar a los hijos es fácil?

Es momento de que ustedes –sí, ustedes, señores pymes–, dejen de renegar y aprovechen esa condición para lograr no solo crecer, sino desarrollarse. Y así, como un adulto que tuvo una buena infancia y adolescencia, estarán más preparados para encarar la vida. Y seguramente recordarán esa infancia empresarial con añoranza.

Eso sí, cuando crezcan, no olviden seguir preservando en su interior eso que fue su mayor fuente de inspiración. Cuando se miren al espejo, si observan atentamente, verán que aún siguen siendo pymes, con todo lo bueno que eso puede implicar. Porque ser pyme no es una condición, es un sentimiento y un compromiso.

Así que ahora que saben que ser pyme es una bendición, no dejen pasar su próxima oportunidad y recuerden: "Un pyme no ve problemas, ve obstáculos para llegar a su sueño".

Toda gran empresa fue pequeña

Suele suceder que los empresarios pymes ven a las grandes empresas como algo lejano a su realidad. Es común escucharlos decir: "en las grandes empresas hay plata para todo"; "en una empresa grande trabaja cualquiera"; "un gerente de una gran empresa no dura ni cinco minutos en una pyme", etcétera.

Las pequeñas empresas quieren parecerse a las grandes, pero no saben cómo; o lo ven como algo muy lejano, cosa que puede ser cierta y hasta irreversible, si no se animan a entender los sacrificios que requiere el camino de pasar de ser pequeño a grande.

¿Por dónde comenzar? Comenzaré dándoles la razón en la primera afirmación de esta parte. Es verdad que en las grandes empresas hay plata para muchas cosas; también que con frencuencia parece que cualquiera puede trabajar en una de ellas, aunque esto no es tan cierto; y asimismo es posible que, en una pyme, un gerente de una gran empresa dure poco. Pero todo esto tiene una razón de ser. Hace poco, en un asado, chicaneé a un amigo que trabaja en una gran empresa preguntándole "¿Qué pasa si mañana decidís no ir más a trabajar?". Luego de pensar y tratar de evitar la respuesta, concluyó: "Nada, hay alguien que me puede reemplazar". Esta es una de las mayores fortalezas de las grandes empresas; básicamente, las personas, consideradas en forma individual, no son indispensables.

Esta realidad es muy distinta en una pyme, donde si Roberto –el que armó la planilla de Excel que maneja la planificación financiera– no va a trabajar y no quiere entregar la clave, nadie sabe qué pasará mañana. Y lo mismo cuando se retira el que conoce a fondo el oficio, lo que genera un caos en la organización.

Ahora bien, ¿cómo podemos empezar a pensar en grande? Lo primero es asumir que cuando uno quiere crecer, la empresa se vuelve más compleja y requiere de más procesos, más profesionales y delegación de tareas. Esta última suele ser la palabra más temida y, para muchos, una batalla ya perdida.

No delegar implica creer que el otro no va a hacer las cosas tan bien como ustedes. Que seguramente ganarán menos dinero, que esa persona se va a equivocar y que nada le va a importar tanto como a ustedes.

¿Alguna vez se preguntaron por qué una gran empresa con un 6 % de rentabilidad neta festeja y usted por menos de un 20 % no va a trabajar?

Daré un ejemplo claro de delegación. Si ustedes tienen niños y no tienen la posibilidad de encargarse de su crianza, seguramente enviarán a sus niños todos los días, y muchas veces durante largas jornadas, a una guardería. De alguna manera están delegando en un tercero la crianza de, nada más y nada menos, que de sus hijos.

Si están dispuestos a delegar lo más importante de su vida, ¿no deberían empezar a hacer lo mismo en su empresa?

Delegar no significa o implica dejar de controlar, de estar encima. Solo implica liberarse un poco de lo operativo para recuperar la visión estratégica del negocio.

Nunca olviden que son ustedes los máximos responsables de los resultados y por ende deben preservar la visión integral; ser grandes comunicadores y armonizadores. Deben tener la posibilidad de proyectar estratégicamente y poder delegar las cuestiones operativas en gente capaz, comprometida y profesional.

Deben ser como un buen número 5 en el fútbol, paren la pelota para ver si es momento de atacar o defender, y tal vez sea mejor un conservador 1 a 0 que perder por un gol en el último minuto por no poder adelantarse a la estrategia del contrincante.

"Si quiere una empresa de gigantes contrate gigantes, si quiere una empresa de enanos contrate enanos." Es una famosa frase de un publicista llamado Ogilvy. Con esta frase él se refería con frecuencia a sus gerentes, invitándolos a que siempre buscaran el mejor talento y contribuyeran a que su organización contara con los mejores para afrontar los desafíos. Añadía recurrentemente "Si no podemos pagarles, significa que algo no estamos haciendo bien".

La pregunta entonces sería: ¿Están delegando correctamente? ¿Tienen verdaderos gigantes en su organización?

Más respeto por la palabra empresario

Escribir un libro tiene algunas ventajas. Entre ellas la posibilidad de expresar ideas, reclamos, quejas y pensamientos con la impunidad de quien decide qué escribir y qué no.

En estas líneas quiero pedirles un favor. Quiero solicitarles más respeto por la palabra empresario. Está degradada, perimida, desgastada, descalificada, ausente de entidad y cual pin que se compra en cualquier kiosco, cualquiera puede ponérselo en su pecho y gritar a viva voz "¡¡¡Soy empresario!!!".

Les pregunto, solo para sacarme la duda: ¿para ser doctor, abogado, ingeniero, arquitecto; o para ser artista, artesano o el 5 de un club de primera división, ¿hay que estudiar e invertir muchos años y así poder decir soy profesional? ¿O esos títulos se regalan en algún lugar?

Entonces, ¿por qué si para ser profesional en todos los aspectos de la vida hay que estudiar e invertir tiempo, para ser empresario no?

Por favor, más respeto; si quieren, llámense así y manden a imprimir tarjetas con el título que quieran. Es más, si quieren pónganle CEO o Director ejecutivo o simplemente Empresario. Cuéntenle al mundo lo que quieran, pero entre nosotros, por favor no se lo crean. Rodéense de profesionales, inviertan tiempo, inviertan dinero, en horas de lectura y asistencia a clases, antes de realmente creerse empresarios.

Y acá es cuando me saltan a la yugular y me dicen:

—¿Vos querés decir que con estudiar o leer libros alcanza para ser empresario?

No, claro que no alcanza, pero créanme que tendrán más herramientas para afrontar los desafíos que el mundo empresario requiere. Si no, hagan una cosa: no manden más a los pibes al colegio, que se formen en la calle, así nomás.

Tener un negocio no te hace empresario, te hace acreedor de un negocio, que puede funcionar de manera caótica y en ausencia total de gestión profesional. Sí, esto es verdad, sucede y mucho. Es una de las particularidades del mercado.

Es más, muchas veces fui invitado a lo que algunos llaman organización, y la realidad es que lo primero que veo es una desorganización. Veo un boliche que funciona, es verdad, pero es eso: un boliche.

—Che, pero pará un poco, estás siendo muy duro, alguno se va a ofender.

—Que se ofenda; si no tiene la capacidad de darse cuenta –y para colmo se la cree– que se ofenda; capaz que así se digne a revisar su prontuario.

¡Tranquilos! Soy provocador a propósito porque me enseñaron que muchas veces hay que desafiar a las personas, y sobre todo a los más duros, para que las cosas entren.

Pero también es verdad que ser empresario es un título que hay que ganárselo y revalidarlo todos los días.

También tengo muy presente y me saco el sombrero cuando veo a un verdadero empresario, porque sé que eso, no es fácil.

—Entonces, Jonatan, ¿qué es un empresario?

Un empresario es una persona que supo combinar en una rara alquimia, una pizca de experiencia, dos cucharas de fracaso, 100 gramos de éxito, dos tazas grandes de humildad, unas fetas de liderazgo, medio kilo de entendimiento de los números, una cucharada sopera llena hasta el tope de visión estratégica, 100 gramos de contactos y buenas relaciones, y otro tanto a ojo de autocrítica, información, escuchar y observación activa.

Y ahora te hablo a vos: si sos de esos que compran libros pensando encontrar recetas para el éxito, perdiste; este libro no es para vos.

Te vas a dar cuenta solito cuando seas empresario; pero te doy una mano con algunos síntomas:

- Te fuiste y las cosas funcionan.
- Tu empresa es vendible y sabés cuánto vale.
- Tu equipo te respeta y valida tus decisiones.
- Sos consultado permanentemente por tus colegas.
- Hiciste algo de plata como para vivir tranquilo.
- Sos innovador y abrazás el cambio en vez de rechazarlo.
- Entendés que los procesos son los que hacen grande a las empresas.
- Lograste separar el problema, de la persona.

Créanme que ser empresario no debe ser una carga, por el contrario debe ser un título para colgar con gran orgullo detrás de sus escritorios. Pero por favor sean respetuosos y nunca dejen de intentar mejorar. Recuerden que sabio es aquel que sabe que aún no lo sabe todo.

El centro de gravedad de las pymes

El mundo de los negocios es sin dudas uno de los más dinámicos y complejos que existen. En él se conjugan e integran conocimientos de todo tipo: finanzas, procesos, capital humano, estrategia, etc. Todo dentro de un gran sueño, que debe ser administrado eficientemente para alcanzar el éxito.

Los seres humanos tenemos el centro de gravedad cerca del ombligo; si movemos este centro, perdemos el equilibrio. Las organizaciones también tienen un centro de gravedad que las mantiene en pie. A diferencia de los seres humanos, el centro de gravedad de las organizaciones se mueve a lo largo de los años y esto nos obliga a rediseñar la estrategia y el foco de las organizaciones.

Si pudiéramos viajar a fines del siglo XIX y principios del XX, veríamos con claridad que en esa época el centro de gravedad de las organizaciones dependía en gran medida de la producción. Los gigantes de la industria, como se los llamó, ponían todos sus esfuerzos en el desarrollo de técnicas e innovaciones para mejorar procesos de producción. A diferencia de hoy en día, existía una gran demanda de casi todos los productos. Las estrellas de ese momento histórico eran los ingenieros y los monopolios.

Si siguiéramos con nuestro viaje en el tiempo y nos transportáramos a mediados del siglo XX, nos encontraríamos con una sobreabundancia de innovaciones a nivel productivo, fruto de la gran demanda producida por la guerra. Una vez terminada esta, todos estos medios de producción estaban ahora disponibles para quien contara con el dinero suficiente para adquirirlos. Así, el foco de las organizaciones se movió a las finanzas. Si cuento con el dinero, cuento con la innovación a nivel de producto. Este momento histórico fue dominado por las grandes corporaciones, y las pymes solo podían aspirar a ser proveedores de ellas.

Finalmente llegamos a la actualidad y observamos que sobra dinero en todo el mundo, que el conocimiento es un recurso transaccional, estamos dominados por la tecnología y hay una sobrecarga de información, accesible para todos. Las empresas más valiosas del mundo no fabrican nada y no son bancos. Pequeñas organizaciones y en algunos casos emprendedores desde algún remoto país con una buena conexión a internet, compiten de igual a igual con las grandes corporaciones.

Esta nueva época, como nunca antes, es un campo fértil para las pymes; pero para que estas sean protagonistas tienen que evolucionar y profesionalizarse poniendo foco en (les aclaro que cada uno de estos puntos serán desarrollados en profundidad más adelante; tomen esto como un resumen introductorio):

a) **Conocer el mercado.** A diferencia de lo que sucedía antaño, hoy todos pueden acceder a información de mercado y de esta forma poder segmentarlo en búsqueda del que represente una oportunidad (p. ej. segmentos que son lo suficientemente grandes y que por alguna razón no fueron atendidos aún).

b) **Poner foco.** Como definió uno de los grandes pensadores del siglo XX, Peter Drucker: "Lo primero que toda empresa debe comprender es que no puede ser para todo el mundo". El secreto es poner foco en un segmento a la vez y ser reconocidos en él como un referente.

c) **Invertir en Marketing.** El presupuesto que las pymes destinan al marketing es alarmantemente bajo y más aún si consideramos que, por lo general, las pymes llaman marketing a la publicidad y no a lo que realmente es marketing hoy en día y que podríamos resumir en una palabra: ¡ESTRATEGIA!

d) **Construir una propuesta de valor.** El secreto no es ser diferente, eso es relativamente sencillo, la clave es lograr que esa diferencia los haga atractivos. Deben responder a una simple pregunta: ¿Por qué me elegirían entre tantas opciones similares? Una vez descifrado esto, deben comunicarlo a toda su organización para que puedan ayudar a construirla.

e) **Innovar.** ¡Ya no se trata de mirar, sino de aprender a observar! Cuando uno observa a sus clientes en búsqueda de satisfacer sus problemas, encuentra miles de pequeñas cosas que antes ignoraba o "veía sin verlas". Innovación no es sinónimo de revolución, sino de solución. ¿Qué solución les están brindando a sus clientes?

f) **Canales de comunicación.** Internet es, sin dudas, el gran aliado de las pymes, ya que permite con poco presupuesto –y no menos importante, de manera "medible"–, poder llegar a los segmentos seleccionados. Ser creativos y además pagar por un buen asesoramiento, es prioritario en este punto.

g) **Canales de comercialización.** Esta tal vez sea la clave en los modelos de negocios actuales. Detectar claramente cuál es el mejor canal de comercialización para llegar a cada segmento. Una vez más, Internet parece ser la solución; pero no descarten los canales tradicionales, y recuerden que podrán tener tantos canales como segmentos quieran atacar; y los modelos de negocios sólidos son los que saben cómo desarrollar cada uno de ellos.

h) **Cómo hacerlo.** Recuerden siempre que lo que valoran los clientes no es lo que ustedes venden, sino cómo lo venden. Sean innovadores en la forma de llevar adelante su negocio y de relacionarse con sus públicos. Si consiguen enamorarlos, ellos serán sus mejores promotores.

i) **Medir.** Es vital diseñar métricas para las distintas áreas de la organización y así detectar desvíos que puedan traducirse en insatisfacciones para los clientes. "Lo que no se puede medir no se puede gestionar."

j) **Integración.** El secreto de un buen modelo de negocios tiene que ver con lograr la integración de todas las áreas con los diferentes públicos. Inviertan tiempo en explicar a sus colaboradores sus puntos fuertes; ¡ese debe ser el tesoro más importante y por ende más protegido!

Recordá que toda gran empresa una vez fue pequeña; no seas ansioso, pero sí debés intentar avanzar un paso cada día y tenés que saber que el mercado nunca fue tan fértil como ahora para empresas innovadoras, ágiles y dinámicas. Es la "Era de las pymes". ¿Será la tuya?

Emprendedores versus empresarios

Seguramente todos habrán oído hablar del mítico Walt Disney. Quienes lo conocieron lo describen como un loco creativo, inquieto, innovador, ansioso, visionario y un sinfín de adjetivos que no hacen más que mostrar lo que, en hechos, él supo llevar adelante con una ingente cantidad de emprendimientos y maravillosas creaciones que todos hemos disfrutado y compartido.

Disney es uno de esos personajes venerados dentro del mundo empresarial, básicamente porque reúne las aptitudes y el éxito con el que sueña cualquier emprendedor.

Lo que pocos saben es que Disney era pésimo con los números, en realidad no le interesaban. Tampoco se preocupaba mucho por lo que hoy conocemos como management. Su foco estaba en crear y llevar adelante sus visiones.

Pocos de ustedes conocen al otro Disney, se llamaba Roy y era la versión opuesta de su hermano. Él era cauto, conservador, ordenado, y disfrutaba administrando los cientos de negocios que su hermano impulsaba.

Ser emprendedor no es sinónimo de empresario. En realidad podríamos decir que son dos cosas distintas. Muchas veces van de la mano, pero muchísimas otras, esta dualidad no se ve plasmada en una misma persona y se transforma en la principal causa de fracaso (7 de cada 10 emprendimientos no superan el año de vida).

¿Cómo son los emprendedores?

En principio son personas ansiosas, proactivas, optimistas; no miden el riesgo de sus decisiones y les gusta justificar sus actos con una visión de presente y no de futuro. Vivir el hoy justifica cualquier acción. Son visionarios, o al menos eso creen. Suelen pensar que lo más importante para poder llevar adelante un negocio es la idea. Todo lo demás les parece que se acomodará solo.

El empuje es su característica más destacada. No tienen miedo al fracaso y, si por alguna razón se enfrentan a él, podrán sobreponerse sin demasiados problemas.

¿Y el empresario?

Siempre recordaré mi primera vez ante un CEO. Esta persona era el máximo responsable de una de las mayores empresas del mundo en Argentina.

La empresa que él lideraba no era una creación suya. En realidad nunca había emprendido nada por su cuenta. Desde el inicio de su carrera se había desarrollado adentro de grandes corporaciones.

Si tuviera que describirlo diría que era cauto y sumamente tranquilo –tanto que esa tranquilidad se transmitía al ambiente. Era analítico y tenía una gran capacidad de reacción ante la adversidad.

Siempre medía el impacto de cualquier decisión. Se obsesionaba por intentar predecir el resultado de las acciones presentes en el futuro.

Amante de los indicadores, sabía que su función no era ser operativo, sino lograr que otros lo fueran por él, reportándole información para la correcta toma de decisiones.

Como habrán podido notar, ser emprendedor no necesariamente significa que algún día podrá ser empresario. ¿Es esto un defecto?

¿Debemos buscar personas con ambos perfiles? ¿Existen?

Mi madre siempre me decía que, en la vida, el secreto pasa por descubrir en qué uno es realmente bueno, cuál es su habilidad, qué es lo que realmente a uno lo hace feliz. "Si lo encontrás –me decía–, dedicate con toda tu fuerza a desarrollarlo".

Si aplicamos esto a las organizaciones, el secreto de un buen emprendedor pasa por focalizarse en sus habilidades, dedicarse a eso que realmente sabe hacer, y rodearse de capital humano que sea bueno en lo que él mismo no lo es.

Cada día, cuanto más me involucro con el mundo de los negocios, más me convenzo de que no existe una única fórmula para el éxito. Una empresa es un conjunto de factores sumamente complejos y variables.

Rebatiendo el título de este artículo, la cuestión no es emprendedores versus empresarios, sino más bien, emprendedores y empresarios. Y que juntos puedan lograr lo que Walt y Roy lograron con una de las organizaciones más grandes y prestigiosas de la historia.

¿Y las pymes? Ser pequeño o mediano empresario es toda una aventura, y el mayor desafío siempre está en lograr ser empresario; infelizmente, no siempre sucede así.

Aguerridos y en muchos casos obsesivos, los gerentes de las pymes suelen estar en todo: desde lo más mínimo a lo más importante. Ya superaron la etapa emprendedora y se dan cuenta de que ahora la película es distinta. Ya no es tan divertido y en muchos casos se sienten solos tomando decisiones que son grandes desafíos para los que no están preparados (más del 70 % de los pymes no se formaron o no tomaron estudios en temas relacionados a los negocios). Entonces, ¿cuál es el mayor desafío de un pyme? Lo resumiré en dos puntos:

1. **Aprender a delegar.** Para aprender a delegar es fundamental asumir que, con el crecimiento uno se vuelve un poco más ineficiente, pero que esto es parte del crecimiento. Delegar también implica asumir que el otro se puede equivocar y que se debe dedicar tiempo a enseñar. Esto también los obliga a ser menos informales y empezar a tener una estructura.

2. **Alejarse de las operaciones.** Es vital que el pyme se aleje de las operaciones y las pueda delegar en gerentes. Esto le permitirá ocupar un lugar crítico: el de la estrategia. Sin estrategia no hay rumbo y sin rumbo no hay organización. Si están al 100 % en las operaciones, no podrán ocuparse de la estrategia, y esto es lo que más puede poner en riesgo a sus empresas.

Para resumir todo lo visto en este artículo –escrito originalmente para *Forbes*–, me parece importante entender que *empresario* es un título fácil de adquirir pero difícil de revalidar. Según mi experiencia, un emprendedor se recibe de empresario cuando logra alejarse de su empresa y esta sigue funcionando, y en muchos casos mejor que antes.

Entonces, ¿sos un emprendedor o un empresario?

Etapas de crecimiento de las pymes

Por **Julián "Gaita" González**[1]

En este capítulo Julián "Gaita" González nos brinda un panorama claro de las diferentes etapas por las que toda empresa transcurre. Es interesante diferenciar una vez más la etapa emprendedora de la etapa empresarial y los cambios que la persona o empresario deben realizar para evolucionar y mejorar día a día ante los diferentes desafíos.

La reinvención es una de las habilidades más difíciles de desarrollar, pero es la clave para no vivir cada momento como un sufrimiento, sino por el contrario, como una posibilidad para aprender y crecer.

Me veo especialmente atraído por la última etapa propuesta por Julián, la re-creación y no la declinación. Nos invita precisamente a tener siempre una visión de cambio y estar en necesaria evolución.

---

1 Julián "Gaita" González es socio de Set Consulting, conferencista internacional y gran conocedor de la problemática pyme. Es Director del programa de ventas en la UCA y columnista en medios internacionales sobre temáticas relacionadas con el mundo empresarial.

CRECIMIENTO m. Acción de crecer y su efecto, proceso de desarrollo.
ETAPA f. Avance parcial en el desarrollo de una acción u obra.

(*Pequeño Larousse Ilustrado*, pp. 284 y 444, 1964)

#1 Etapa – Creación

Las ganas de progreso y las energías positivas aparecen en todo su esplendor en esta primera etapa. ¿Qué emprendedor no sabe que tiene mucho recorrido por delante? ¿Qué emprendedor no está dispuesto a invertir tiempo completo en su emprendimiento? ¿Qué emprendedor ignora que tendrá que ser tan multifacético como le sea posible? Desde la elección de la marca y el diseño del logo hasta la preparación de los presupuestos para las propias ofertas, todo ocupa la mente del emprendedor. La positividad y las ganas de alcanzar los objetivos que se ha fijado, lo pueden todo. Y aprende incluso a tolerar el sufrimiento que se deriva del esfuerzo extremo. Sin manuales de instrucciones infalibles a su alcance, el sentido común del emprendedor es ahora el gran protagonista. El verdadero potencial empresario adquiere nitidez a medida que el emprendedor comprende la importancia de tener un proyecto concreto, sólido, con bases firmes, y bien montado sobre los hombros de un equipo competente.

Numerosas preguntas asaltan al emprendedor en esta primera etapa. Con el tiempo, ¿será rentable mi negocio? ¿Seré elegido por los clientes? ¿Podré vivir de esto?

La revelación de nuestras ideas se impone como necesidad ineludible en esta primera etapa. Hay que animarse a contarlas y en el proceso hay que agregarles valor. Un especialista en marketing y negocios podrá llevarnos muy lejos con nuestro sueño. No debemos pensarnos como un negocio, debemos entender que estamos en desarrollo.

#2 Etapa – Realización

Sabemos que estamos realizando nuestro sueño, y que estamos creciendo. Nos sentimos plenos y llenos de energía. La incomodidad y el miedo a lo desconocido son solo síntomas del crecimiento. Seamos sensatos y autocríticos en todo momento. ¡Adelante!

Ahora es cuando se producen nuestras primeras contrataciones importantes. Y también es cuando la estructura de la empresa comienza a fortalecerse y a crecer. Las ventas se hacen cada día más significativas, y algunos clientes se hacen *habitués*. ¡Hasta se dan casos concretos de éxito!

Aunque todavía nos resulta atractivo considerarnos emprendedores, comenzamos a sentir claramente la sensación de ser "empresarios". La intención de iniciar la delegación de funciones importantes comienza a tomar cuerpo, aunque es lógico que todo emprendedor, como *alma mater* de su propio negocio, todavía trate de estar presente en todo e intente controlarlo todo. Sin dudas, es esta una etapa crucial: trabajamos en el fortalecimiento de los cimientos de la empresa mientras aprendemos lo que significa crecer. Se comienza a formalizar el negocio.

#3 Etapa – Madurez

Alcanzamos la madurez. Nuestra empresa ha ganado peso en el mercado, y su foco principal está puesto ahora en obtener mayores ventajas competitivas. Tenemos el camino más seguro para lograrlo: evitar la impostura. No hay nada más característico en una madurez aparente que el vicio del autoengaño.

Quien se crea una estrella inmune en el firmamento empresarial, se estrellará; puede estar seguro de esto. La madurez real recién se alcanza cuando el empresario toma conciencia de la importancia de aprender a dimensionar la complejidad del negocio y su posible desorden financiero.

Es primordial:

- Generar indicadores a partir de los cuales tomar decisiones objetivas.
- Formalizar los procesos productivos, las políticas internas y la relación entre áreas.
- Optimizar la prestación de servicios y la gestión de pagos y cobros.
- No subestimar jamás la inteligencia del consumidor y establecer estrategias de satisfacción posventa.
- Generar un marketing profesional sólido, técnico y eficaz.
- Acompañar los cambios del mercado con la renovación y el fortalecimiento interno de la propia organización.
- Solo se suben al tren de la perdurabilidad las empresas que maduran con inteligencia y tenacidad.

#4 Etapa – Recreación

Hay que aprender a perdurar renovándose en el tiempo. Si lo crucial es mantener la competitividad de la empresa, hay que crear nuevos productos y buscar nuevos mercados; entonces se impone reconocer la enorme importancia que tiene la comunicación empresarial interna para el origen y desarrollo de nuevas ideas y proyectos, y por tal motivo es preciso que las vías de contacto creativo sean siempre óptimas. El trabajo interdisciplinario permanente con profesionales competentes, consejeros empresariales y consultores es fundamental para construir un sistema de comunicaciones adecuado entre todos los sectores de la empresa.

Ya se adivina: nada tendría sentido si el declive fuera el último estadio empresario. Hay que admitir entonces que la extinción de la empresa siempre estará en el horizonte como una posibilidad entre muchas otras y, por lo tanto, hay que trabajar duro para que esto no suceda. Los procesos conscientes y responsables de recreación de la propia estructura organizacional –en un mundo que evoluciona de manera progresiva– constituyen un signo inequívoco de madurez real. Dicho de otro modo: una empresa que se recrea constantemente quiere algo más que perdurar en el tiempo. Quiere sobresalir, y así lo quiere siempre.

Etapas del crecimiento pyme

Si bien en un principio podemos enfrentar los desafíos de armar una empresa relativamente solos, a medida que crecemos se vuelve crítico y fundamental armar un equipo y sumar consultores externos que nos brinden herramientas, miradas diferentes y mucha objetividad a nuestra gestión y toma de decisiones.

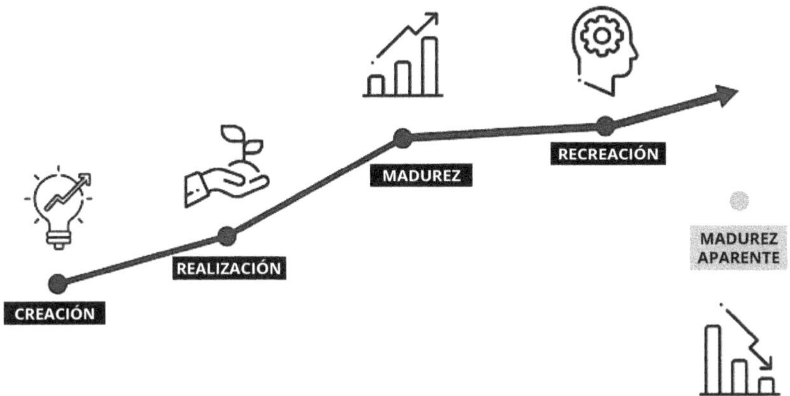

Iconos diseñados por Freepik desde Flaticon.

Gerenciamiento pyme: ¿dueño de mi capital o dueño de mis objetivos?

*Por **Carlos A. Sosa**[2]*

Ser dueño de un capital (bienes o dinero) de una empresa significa tener la propiedad de una inversión, aquello que una persona ha arriesgado para emprender una actividad empresarial. Es decir, la propiedad implica la posesión de la inversión y los usufructos que se deriven de esta.

Por otro lado, para obtener un retorno sobre ese capital invertido, el empresario creará una organización a través de la cual desarrollará una actividad, ya sea comercial, industrial o de servicio. Esta organización deberá establecer objetivos y acciones para poder complacer los requerimientos del dueño del capital o inversor.

---

2 Carlos A. Sosa cuenta con un MBA y es director de Sosa y Asociados. Es consultor y uno de los máximos referentes del mundo pyme en Argentina. Especialista en liderazgo organizacional.

¿Ser dueño del capital implica ser dueño de los objetivos de una organización?

A menudo solemos encontrarnos con empresarios o directivos que son dueños de sus empresas por la legitimidad que les otorga la titularidad del capital en juego. Sin embargo, no podemos decir lo mismo respecto de la administración de los objetivos de su organización. Esto significa que es usual encontrar muchos titulares de empresas que no poseen el dominio de su negocio, o sea, no tienen control sobre su gerenciamiento.

¿Qué significa ser dueño de los objetivos de un negocio?

Ser dueño de los objetivos de un negocio implica tener el gerenciamiento de la gestión. En pocas palabras, significa conducir el destino de una organización, ponerse al frente del barco marcando el rumbo, no dejando que sea la desidia la que motorice la marcha del negocio.

¿Por qué muchas veces no se puede administrar el propio destino?

Esto sucede cuando los directivos son prisioneros de sí mismos, es decir, de la propia organización que han creado. Esto significa que no son propietarios de sus tiempos, no conducen a su personal, no poseen colaboradores de confianza, están ensimismados en la cárcel del día a día.

¿Cómo salir de la propia cárcel?

Para iniciar este largo recorrido hay que comprender en primer lugar que en una organización debe existir una "cabeza visible" que sea la que piense y dirija. Para ello, deben darse ciertas condiciones:

- Diferenciar lo urgente de lo importante.
- Administrar los tiempos a través de una agenda gerencial.
- Identificar una persona de confianza, potencial "mano derecha".
- Aprender a delegar.
- Ubicar en esa agenda un espacio para el trabajo reflexivo.
- Aprender a escuchar y dejarse ayudar.
- Interrogarse acerca de adónde se quiere llegar.
- Examinar debilidades y fortalezas.

Conclusión

En primer lugar, debe quedar absolutamente clara la diferencia entre "ser el titular del capital y ser la cabeza de la organización", o dicho de otra manera, entre "ser propietario y ser gerente". Con esto queremos expresar, que la posesión de un capital no da derecho al dominio de un negocio. Esto significa que para lograr transformar un capital en una empresa, no se necesita solamente dinero. Este, desde ya, es una primera condición para el inicio, pero de ninguna manera será sinónimo de una organización exitosa, ya que la misma vendrá de la mano de un gerenciamiento efectivo. Y entonces, ¿usted no siente que como dueño es muy buen empleado?

¿Por qué muchas empresas fracasan?

Por **Carlos A. Sosa**

El rol gerencial en las pymes

El gerente de una pequeña empresa en una primera etapa es aquella persona que básicamente ejecuta tareas, toma decisiones, organiza y coordina actividades y ejerce determinados controles.

La evolución de la figura del gerente

Cuando los gerentes propietarios han conseguido un orden relativo, comparten (a colaboradores de confianza, asesores, etc.) inquietudes, desafíos, pasiones, nuevas ideas, con esa visión de negocios que caracteriza a los emprendedores. Estos necesitan ser escuchados, que se les preste atención, porque seguramente están viendo algún negocio que el resto de la empresa no ve. En numerosas oportunidades esas ideas, se convierten en objetivos que van en búsqueda de acciones inmediatas. Así, el gerente inicia el proceso de planificación, dándole forma a esas ideas con la ayuda de sus colaboradores internos y externos; comienza a tomar riesgos, a utilizar esa red de relaciones y contactos que han establecido a lo largo de su gestión, a observar qué perfil de Recursos Humanos pueden acompañar este nuevo proyecto.

De la etapa del "hacer y ejecutar" a la del "pensar y controlar"

En pleno crecimiento –con más personal a su cargo y dinero para administrar–, el rol del gerente debería incorporar más funciones de control, dedicar más tiempo a pensar en términos estratégicos y tácticos, a intentar liderar personas y procesos, a convertirse en guía de su gente para ayudarlos a cumplir sus tareas eficientemente. Es decir, que en esta fase estamos ante el gerente que debe administrar el crecimiento, pensar estratégicamente, cuidar la nueva estructura creada, preservar la salud del negocio, fijar objetivos de desempeño del personal, controlar las actividades y los resultados obtenidos. Aquí el administrador debe tener una agenda ordenada, administrar bien sus tiempos, ir dejando de lado la ejecución de las tareas operativas (corto plazo) –reservándose solo el control de las mismas–, para dedicarse a tareas de mayor valor agregado, estratégicas (mediano y largo plazo).

¿Qué sucede en la práctica de las empresas?

La experiencia permite afirmar que en la mayoría de los casos la función del gerente NO es comprendida, ni por los propios dueños de un negocio y menos aún por el personal, que no tienen dimensión de su importancia. La falta de definición del negocio que se quiere, la ausencia de objetivos, la discreta capacitación, el bajo nivel de competencia, el buen pasar económico, la cultura del "a mí siempre me fue bien así, para qué cambiar", la escasa visión estratégica, la ausencia de consejos externos, entre otras causas, ocultan la necesidad de gerenciamiento que tienen todas las empresas y fomentan la no compresión de la importancia fundamental de este rol. Es común observar que las personas que deberían encargarse del gerenciamiento en las empresas, se ocupan de realizar tareas equivocadas, que no les pertenecen; se encargan de hacer tareas operativas, y no utilizan apropiadamente sus tiempos en actividades más valiosas. Algunas de estas causas son: dificultad para delegar, falta de confianza en el personal, la engañosa creencia de que el empleado va a lograr mejor rendimiento si lo ve trabajar a la par de ellos, entre otras.

¿Cuáles son las consecuencias para estas empresas?

En las empresas marginales –donde el objetivo es percibir un beneficio mínimo para mantenerse–, existe cultura pobre de trabajo y escaso entusiasmo por el negocio. La ausencia de gerenciamiento profundizará el estancamiento, la pasividad de la gente, y serán para siempre empresas marginales sin ninguna posibilidad de futuro.

Por el contrario, en empresas emprendedoras, con potencial comercial técnico, con altos objetivos de rendimientos, con incorporación gradual de personal idóneo, el no interpretar claramente el rol del gerente puede traer problemas muy serios, como pérdida de visión estratégica del negocio y del contexto, escasos niveles de control, disminución de la rentabilidad, incremento de costos, baja de la eficiencia, deterioro en las relaciones con los clientes, bajo grado de desarrollo de relaciones con los proveedores, entre otros.

Conclusiones y sugerencias

Así como una persona necesita de sus padres para desarrollarse adecuadamente, las empresas también requieren de una apropiada conducción, que alguien las administre, les marque lineamientos y políticas. Los negocios no marchan solos, las empresas con cultura y pasión por el trabajo son las que se diferencian, y son las que están lideradas por el gerente.

Una persona puede ser dueña de un negocio, lo que no significa que esté gerenciando. En la actualidad todavía se observan muchas empresas sin objetivos estratégicos, que caminan por inercia, que perduran porque aún no les ha tocado un competidor fuerte o que han tenido el beneficio de gozar de un buen momento económico. En algún momento, esa necesidad de contar con conciencia empresarial les llega a todos; es mejor anticiparse y adecuarse a las nuevas exigencias, porque los cambios y el adaptarse posteriormente al acontecer de los hechos suele ser más duro y costoso.

El antimanagement

Este concepto lo creé o pensé hace ya varios años, luego de una seguidilla de consultorías con nuevos clientes –empresas medianas–, con aparentes buenos resultados económicos pero que, cuando entraba a analizar en profundidad su realidad, me hacían sentir que tranquilamente podía prender fuego a todos los libros que había leído, incluyendo mi título universitario. Nada, absolutamente nada, de lo que los libros y las buenas costumbres dicen sobre cómo gestionar una empresa se aplicaba aquí.

Los empresarios antimanagement desconocen por completo cualquier teoría o regla básica de gestión.

Se caracterizan por no tener claridad en ninguna de las variables críticas; no construyen indicadores, no tienen una clara división de tareas y difícilmente pueden explicar su visión o estrategia.

No obstante, cuentan con una gran habilidad de interpretación de la realidad, capacidad de anticipación y un gran sentido común. Suelen ser personas con una gran inteligencia emocional y capacidad de relacionamiento. Tienen claro su negocio y saben lo que tienen que hacer, pero difícilmente puedan explicarlo con claridad suficiente para que otros lo puedan hacer.

Su gran déficit es la delegación y capacidad de entender a los demás, en parte porque les es imposible transmitir su realidad, su claridad en el día a día.

Ya dijimos, y lo volveremos a decir con seguridad, que el mundo de los negocios es uno de los entornos sociales más complejos, ya que se conjugan de manera aleatoria cientos de conocimientos y, a la vez, están dotados de la complejidad de estar formados por seres humanos.

Esta gran complejidad hace que exista lugar para que, personas sin conocimientos teóricos puedan desarrollarse como empresarios.

Ahora bien, si te sentiste identificado, seas vos o alguien de tu entorno, quiero que sepas algo: los empresarios antimanagement tienen los días contados y ahora les explico por qué.

Estos empresarios necesitan crecer y desarrollarse en entornos altamente informales y poco profesionales; con los competidores de su mismo tipo y en ausencia de las reglas básicas de convivencia en economías de mercado. Tiene que existir la informalidad para poder arreglar de palabra situaciones con el Estado, competidores y clientes. Estos clientes suelen ser rehenes de un mercado poco sofisticado y donde cada vez que compran sienten que están haciendo un favor. La mala noticia es que el mercado ha cambiado y sigue cambiando. No importa el país o la ciudad, todos los mercados se están volviendo más sofisticados y esto quita margen a los informales o improvisadores seriales. En esta era digital los clientes tienen mucho poder y ahora pueden quejarse y hacer daño con sus opiniones online. Ya no se compite contra el vecino, se compite con el mundo. Los estados se han vuelto más sofisticados y tienen herramientas para obligar a las empresas a ser formales y brindar información. Ya nadie presta dinero a una empresa que no pueda justificar, no con palabras sino con números, su realidad y proyecciones.

¿Con todo esto estoy diciendo que las habilidades del antimanagement no tienen ningún valor hoy día? De ninguna manera, todas ellas son muy valiosas, ya que forman parte de la inteligencia emocional empresaria y siempre serán un gran activo; pero solo con eso hoy no alcanza. Hay que profesionalizarse y jugar con las mismas cartas que el resto del mundo y hacer la diferencia en el cómo usarlas, y no porque el mazo de cartas esté marcado.

La pregunta de este capítulo es personal. ¿Sos vos un antimanagement? Si no sos vos, ¿lo es tu jefe o tu padre, o quien lidera la organización? Si tu respuesta es sí, entonces te recomiendo que le hagas leer este libro y lo pongas a reflexionar. Si ves que es imposible, es un lindo momento para bajar la aplicación Linkedin, crear un perfil y empezar a buscar otro destino, porque esa empresa en un futuro cercano no tiene chances de sobrevivir. ¿Cuánto tiempo? No lo sé, pero seguro llegará.

¿Cómo competir con las grandes empresas siendo un pyme?

Estimado lector, si sos un empresario pyme y ves a la gran empresa como tu principal enemigo, si te sentás a ver cuál será la próxima gran innovación para intentar copiarla, si te quejás por no contar con esos enormes presupuestos para marketing de las grandes, si sos uno de ellos, ¡hoy te alegraré el día!

Me animo a hacer una predicción y les pido que la anoten en un papel: "En no muchos años veremos entrar en crisis a muchas grandes corporaciones, y sus clientes serán captados por pymes trabajando de manera asociativa, brindando soluciones hechas a la medida de un consumidor cada vez más exigente y selectivo".

En estas líneas argumentaré por qué, si ustedes son una pequeña o mediana empresa, tienen grandes oportunidades compitiendo con las grandes. Eso sí, no es fácil y requiere de mucha disciplina, inversión y profesionalismo.

Paso a enumerar las tres ventajas competitivas en las que creo deben poner foco las pymes para competir:

1) **El elefante y la liebre.** Durante años la selva era el reinado de los elefantes. Ellos con sus grandes cuerpos y poder dominaban todo y ningún animal de menor tamaño se les animaba. Mientras tanto, la liebre estaba en la base de la pirámide alimenticia, todos se la querían comer. Esto hizo que la liebre estuviera obligada a ser ágil, flexible y a tomar decisiones muy rápido; cambiar todo el tiempo para no ser devorada. Pero la selva fue cambiando y ahora los animales torpes, lentos y sin condiciones para cambiar rápido están en problemas. En esta nueva selva la liebre es el rey.
   El mercado es igual a esta fábula. Los grandes se han vuelto estructuras sumamente rígidas, con ejecutivos cómodos, burócratas, resistentes al cambio y esperando su gran cheque. Sin embargo, las pymes son hábiles por naturaleza y eso hoy, es una gran fortaleza. Consejo: las pymes también crecen y, si bien necesitan procesos y algún grado de burocracia, nunca deberían perder su agilidad. ¡Si hay que cambiar, cuanto antes mejor!

2) **El cliente, un número.** En las grandes empresas es común sentirse un número y no un cliente; y la realidad, muchas veces es así. Los grandes se han vuelto totalmente impersonales. Las pymes, por el contrario, conocen muy bien a sus clientes y en muchos casos conocen sus historias personales y deben poner énfasis en este punto. Lograr que el cliente se sienta contenido y entendido es la clave para lograr más compromiso, que siempre debe ser de las dos partes. Créanme, en esto, ¡ninguna empresa grande podrá hacerles sombra!

3) **Transaccional vs. relacional.** Esta tal vez sea la más importante de las claves para poder hacerles frente a las corporaciones. A ellas les es muy difícil generar negocios relacionales y se focalizan en la transacción y en el volumen de ventas; esto hace que el cliente no sea fiel. Las pymes deben

reforzar el concepto de modelo de ventas relacional, donde la transacción es una consecuencia directa de la buena relación lograda. En el modelo transaccional, la relación solo se genera si hay una transacción, lo que no implica que exista una buena relación. En las grandes empresas, las personas de contacto cambian todo el tiempo, lo que genera la imposibilidad de conocerlos. En las pymes, por lo general los dueños están al frente de las mismas y los empleados suelen durar muchos años. Esto hace que el cliente reconozca a quien lo atiende y a la vez genera un compromiso aún mayor entre empleados y clientes.

No obstante, si bien existen estas ventajas para hacerle frente a los grandes, no olviden que estas se pueden perder frente a los problemas del día a día y que deben lograr muchas otras cosas para ser sólidos como empresarios.

A saber:

- **Profesionalizar la estructura.** Es vital para las pymes poder profesionalizar su estructura y así administrar la complejidad que viene de la mano del crecimiento.
- **Visión estratégica.** Es común ver al pyme en el día a día ocupándose de cuestiones completamente operativas, lo que lo aleja de la visión estratégica. En un mundo de cambio permanente, es más valioso cambiar que aprender a hacer muy bien lo mismo de ayer.
- **Despersonalizar las decisiones.** No es positivo –como muchos creen–, tomar o supervisar todas las decisiones. Delegar es la mejor habilidad que pueden desarrollar para mejorar su organización.

Como suele decirse, "para poder aprender, primero hay que aprender a desaprender". Anímense a innovar, no se subestimen y crean en su intuición, atrévanse a ir por más, pero siempre de la mano de una estructura; sepan construir alianzas que les permitan seguir siendo ágiles y a la vez ganar competitividad.

Créanme, si logran desarrollar todos estos puntos, ¡las grandes empresas están en problemas y ustedes frente a una gran oportunidad!

¿Qué es un modelo de negocios? ¿Tengo uno?[3]

A menudo se escucha hablar de los modelos de negocios, pero ¿qué es un modelo de negocios? Y lo más difícil, ¿cómo se construyen y administran?; ¿quién se encarga de su diseño?

Como hemos dicho antes, es función del marketing desarrollar los modelos de negocios. Esto se fundamenta en que, cada vez más, su diseño se relaciona con variables de mercado y un entendimiento profundo del comportamiento de los consumidores. Para simplificarlo, podríamos definir un modelo de negocios como la respuesta, en todo momento, a tres preguntas: ¿qué vendo?, ¿a quién? y ¿cómo?

Sobre las dos primeras ya hemos hablado y hacen referencia a responder en todo momento y con claridad: ¿qué vendo? Cuando hago esta pregunta en los cursos, la mayoría de las personas

---

3 Extraído del libro *¿Qué es eso del marketing?*, de Jonatan Loidi. Editorial Errepar, 2016.

me nombran lo que hacen. Así por ejemplo algunos me dicen que venden casas, hacen pizzas o venden comida servida de manera elegante en un restaurante de Palermo.

La pregunta intenta ser engañosa y ponerlos en evidencia. Si usted solo vende lo que hace tendrá una alta probabilidad de verse obligado a tener que competir por precio.

Cuando el consumidor ve dos productos que no se diferencian entre sí y que solo venden lo que hacen en el sentido más simple (por ejemplo: agua), es él quien tiene el poder, y cuando eso sucede, suele presionar a la baja de precios.

Una forma diferente de hacer la misma pregunta es: ¿por qué lo eligen sus clientes? Ahí todo cambia y nombran cosas como confianza, trayectoria o una experiencia única.

En conclusión, podríamos resumir que el diseño de modelos de negocios consiste en desarrollar productos o servicios, enfocados en la resolución de una necesidad y la creación de valor, para luego configurar la organización para que eso sea posible.

Un modelo de negocios describe la forma en que una organización produce, distribuye y captura valor –según el modelo Canvas–, formulado inicialmente por Alexander Osterwalder en el año 2004. Esta obra es tal vez uno de esos grandes avances en la interpretación de la lógica organizacional y fue un gran aporte a las ciencias del management, ya que consolidó lo que se venía expresando en el mercado. Me gustaría detenerme, aunque sea brevemente en esta idea, para poder ver más claramente cómo se deben desarrollar los modelos de negocios.

El modelo Canvas consiste en la configuración de nueve bloques que, como un rompecabezas, debe estar completo para poder funcionar.

Modelo Canvas / Fuente: Osterwalder, A. Generación de modelos de negocio (2011). Bilbao: Deusto S.A. Ediciones.

El primer bloque consiste en la **segmentación de mercados**: básicamente se pone énfasis en describir y conocer a fondo los distintos segmentos de mercado para así poder elegir claramente dónde quiero y cómo puedo posicionarme. Más adelante en el apartado "Descubriendo nuestro segmentos" veremos en profundidad cómo llevar adelante esta importante y difícil tarea.

En este momento es crucial hacernos algunas preguntas, como por ejemplo:

- ¿Quién quiero que sea mi cliente?
- ¿Cuál es el segmento de clientes objetivo?
- ¿Para quiénes estamos creando valor?
- ¿Quiénes son nuestros clientes más importantes?
- ¿Qué características relevantes tienen?
- ¿Qué tareas claves debo realizar para alcanzarlos?

De este modo, el modelo Canvas pone como regla de oro comenzar siempre el desarrollo de un negocio haciendo foco en el cliente como la estrella y rector de las actividades de la organización.

El segundo bloque es a mi entender, y ya lo veremos en profundidad, el más importante del análisis y realmente el centro de gravedad de toda organización. La **propuesta de valor** es ahora la prioridad en el camino de desarrollo de nuestros negocios.

La mayoría de los emprendedores cometen el error
de emprender y crear organizaciones y luego pensar su modelo
de negocios, cuando debería ser totalmente al revés.
(Horacio Meléndez)

Sin propuesta de valor no hay diferenciación y sin diferenciación solo podremos competir por precio y será difícil tener éxito. Por ahora diremos que la propuesta de valor es aquello que nos hace diferentes, únicos y elegibles para nuestros clientes.

Carlos y Miguel eran dos comerciantes emprendedores que decidieron, sin mucho análisis, poner un negocio de venta de celulares a tan solo 50 metros el uno del otro. Rápidamente se dieron cuenta de que tenían un problema y que solo había lugar para uno de los dos en esa cuadra. Solucionar este problema no sería tarea sencilla, ya que ambos vendían básicamente lo mismo y habían acordado no bajar los precios. Así, ambos se pusieron a pensar formas de construir una propuesta de valor que, como dijimos, los hiciera diferentes, únicos y elegibles. Carlos tomó la iniciativa y ofreció a sus clientes un año de garantía con la compra de sus celulares. Momentáneamente logró ser único y elegible, pero como todo lo que no es muy innovador, duró poco. Fue así que Miguel rápidamente copió la propuesta de Carlos. Llamaremos a esto "neutralización de la propuesta de valor".

Carlitos no se quedó quieto y redobló la apuesta ofreciendo dos años de garantía. Una vez más, Miguel neutralizó a su rival.

Todo parecía estancado, cuando Carlos decidió ofrecerles no solo dos años de garantía, sino también la posibilidad de cambiar el equipo dentro de las 24 horas en cualquier lugar del país.

Miguel, ante esta propuesta, decidió pasar.

Ahora Carlos tenía una propuesta de valor diferente y única. ¿Pero sería elegible? La cuestión es que Carlos necesitaba, para poder sostener esta propuesta de valor, asumir mayores costos, tantos que lo obligaban a subir sus precios en al menos un 20 % para no perder dinero. De esta forma, el nuevo precio de los celulares sería más alto que los que vendía su competidor directo.

Frente a estos dos "empresarios" estaba el cliente, que venía viendo como los dos se sacaban los ojos por tratar de conquistarlo. Hasta ahora la pelea solo ofrecía ventajas momentáneas, ya que se copiaban el uno al otro. Esto sin dudas le daba cada vez más poder al cliente, que tenía mayor poder de negociación.

No obstante, ahora tenía que analizar en profundidad la nueva propuesta de valor. Era cierto que era diferente y hasta superadora a la de Miguel. Pero algo no le terminaba de cerrar en su cabeza.

La cuestión pasaba por la variable *elegible*. ¿Por qué? Porque el precio es siempre un factor regulador para los clientes. Básicamente el conflicto del cliente pasaba por interpretar si la propuesta de valor que se expresaba monetariamente en un 20 % más en el precio que la otra, era bastante atractiva para finalmente comprarla.

La percepción de caro o barato es subjetiva
para cada cliente.
Así, lo que para uno es caro, para otro es barato.

Así el cliente termina eligiendo a Miguel y sacrificando la diferencia, aparentemente superior, ya que la propuesta no llega a compensar el incremento de precios y decide sacrificar un beneficio.

Con este ejemplo intento ilustrar que no alcanza con ser diferente y único, es crucial ser elegible. Tampoco pretendan ser elegibles para todos los públicos, pero sí para el que ustedes hayan definido en su segmentación como objetivo.

El tercer elemento de este modelo es lo que el autor define como *canales*. Hemos hablado ya de esto y podríamos encuadrarlo en lo que en el plan táctico definimos como la P de Plaza. Recordemos que esta variable consiste en determinar cómo pondremos a disposición de nuestros públicos objetivos las propuestas de valor, siempre cumpliendo con nuestras promesas.

También dentro de los canales se encuadran los canales de comunicación mediante los que pondremos a disposición nuestra propuesta de valor, ya que no sirve de nada tener una gran propuesta si el cliente no se entera. Aquí entra en juego la publicidad o cualquier estrategia que la empresa elija para lograr llegar a la mayor cantidad de gente dentro de sus segmentos objetivos.

Como cuarta variable está la esencia del marketing moderno que consiste en la generación de una **relación** con nuestro público.

Si logramos identificar bien a nuestros segmentos de mercado, indagamos sus necesidades y deseos, y sobre esta base establecemos nuestra propuesta de valor logrando estar al alcance y en el momento justo, podremos empezar a construir una relación.

Esta es una gran decisión a la que todo empresario debe enfrentarse tarde o temprano en el desarrollo de sus modelos de negocios. Básicamente definir si quiere tener un negocio transaccional o de relaciones. Las transacciones son impersonales y de corto plazo, las relaciones generan convivencia y son a largo plazo.

Si logramos construir un negocio basado en estos cuatro bloques podremos completar el quinto, que consiste en la generación de **ingresos** a nuestro flujo de fondos y así disponer de capital para sostener los cuatro bloques restantes, que consisten en: recursos claves, estructura de costos, actividades claves y red de socios estratégicos. Por lo general es en esta parte del esquema donde se generan egresos de dinero que se configuran en el último de los bloques del modelo.

Los **recursos claves** se refieren a aquellos que son vitales para que el negocio se sustente en el tiempo. Son los medios necesarios para sostener lo que definimos en los cuatro primeros bloques. Por ejemplo el capital de trabajo, el *know how*, patentes, etcétera.

Las **actividades** son los procesos, las políticas, la relación entre áreas y hacen al funcionamiento operativo del negocio.

Osterwalder pone especial interés en el octavo cuadrante, al que denomina **red de socios estratégicos.**

Es muy difícil para cualquier organización moderna poder crecer y sostenerse sin alianzas fuertes con agentes externos a lo largo y ancho de todo el mercado. Así, proveedores, intermediarios, gobiernos, competidores y por supuesto clientes, se vuelven socios claves de cualquier empresa.

Esto no solo es una necesidad operativa, sino una forma de relacionamiento. Las organizaciones se nutren de las experiencias de clientes y proveedores y cocrean productos y servicios.

El egoísmo organizacional no tiene lugar en la era moderna. Las preguntas aquí son: ¿cuáles son sus próximas alianzas? ¿Cuándo fue la última vez que invitaron a un proveedor para conversar? ¿Cuándo fue la última vez que se reunieron con un competidor y juntos analizaron el mercado? Resumiendo este modelo que tomamos como base para profundizar en el marketing, podríamos dividirlo en dos grandes grupos. Las áreas que miran al mercado y definen los qué, quiénes, por qué y para qué, y los que definen el cómo, siempre con foco en la rentabilidad.

Recuerden

- *Diseño de modelos de negocios consiste en desarrollar productos o servicios, con foco en la resolución de una necesidad y la creación de valor, y luego configurar la organización para que eso sea posible.*

- *La percepción de caro o barato es subjetiva para cada cliente. Así, lo que para uno es caro, para otro es barato*
- *Si logramos identificar bien a nuestros segmentos, indagamos sus necesidades y deseos, y sobre esta base creamos nuestras propuestas de valor y logramos estar al alcance y en el momento justo, podremos empezar a construir una relación.*

Innovación en las pymes

Yo sé que si sos pyme, creés que la innovación es algo propio de las grandes empresas. Es más, seguro que escuchaste hablar muchas veces del "Departamento de innovación y creatividad".

Entre nosotros, ¡la verdad es que las pymes son mucho más innovadoras que las grandes! Sí, sí, aunque no lo crean, así es y así debe ser. Les explicare por qué.

Ante todo me gustaría decir que soy un gran crítico del departamento de innovación dentro de las empresas. Básicamente porque creo que este departamento –en vez de fomentarla en toda la organización–, la reduce a un grupo y hace que el resto descanse creyendo que, ya que el "área de innovación" está innovando, entonces yo no tengo que hacerlo o nadie espera eso de mí.

Es importante aclarar que innovación no es creatividad. La creatividad es un proceso mental natural a todos los seres humanos, mientras que la innovación es un proceso organizacional y, por lo tanto, más complejo.

No se trata de tener ideas y luego ver si le pueden interesar a alguien. Esto los llevará directo al fracaso y al desánimo, y tiene más que ver con una ruleta que con un método.

La creatividad en muchos aspectos está sobrevalorada y en general se la recubre con un manto de misticismo que lo que único que hace, es alejarla de la realidad y desmotivar a quienes no se creen tocados por la varita mágica.

Lo primero que hay que aclarar es que todas las empresas viven innovando. Cosas pequeñas que buscan dar solución a problemas simples, cotidianos, pero cuya resolución se vuelve algo imprescindible para poder sobrellevar el día a día.

También es importante comprender que casi todo ya fue inventado y entonces es necesario observar con atención para encontrar las soluciones prácticas a nuestros problemas que otro ya resolvió con anterioridad y que, con algún ajuste, podríamos implementar en nuestro caso. Esto aplica tanto para soluciones de gestión como para ideas de negocios.

Hace unos años escribí un artículo que se titulaba "Todos pueden viajar al futuro". En él explicaba que todos podemos viajar al futuro (en el mundo de los negocios) y que esa es una de las misiones fundamentales de los directores de las empresas.

"¿Se volvió loco?"… Sé que suena un poco raro, pero les daré un ejemplo personal que viví junto a un cliente en 2012.

En enero se realiza todos los años una feria de tecnología llamada CES; esta feria es la más grande del mundo en lo que se conoce como tecnología de consumo (TV, informática, celulares, etc.); se desarrolla todos los años en Las Vegas y durante una semana, las principales marcas presentan sus próximos lanzamientos.

Ese año, un cliente me invita a acompañarlo a esta prestigiosa exposición. Llegamos allí y luego de caminar y caminar durante horas –ya las piernas no me daban más–, entré en un stand de LG donde presentaban algo que llamaban TV 4k (cuatro veces la definición HD). Al retornar a la Argentina recuerdo haber visto en la televisión una publicidad anunciando como una gran novedad los TV Súper HD (doble HD).

Si en ese momento yo hubiese comentado en un asado que había tenido una visión y que en un futuro cercano existiría algo llamado 4k, estoy seguro de que la mayoría me habría llamado loco. Final de la historia: en 2015 llegaron a la Argentina los TV 4k. Imaginando que lo del asado hubiera sucedido, mis amigos creerían que soy algo así como alguien que puede ver o que puede viajar al futuro. En parte esto es cierto, yo pude viajar al futuro; ustedes también pueden y deben hacerlo. No importa el rubro en el que estén, siempre hay algún lugar en el mundo donde se está mostrando lo que viene. Conocerlo con tiempo es una gran ventaja competitiva.

El pyme tiene una gran cuenta pendiente en esta materia. Concentrado en su día a día y, en muchos casos, por una cierta soberbia, no dedica tiempo a viajar al futuro.

Ahora bien, para ser innovador hay algunos requisitos que todos ustedes pueden poner en práctica –y les recuerdo que innovar no es una opción, es una obligación–:

a) **Desarrollar al máximo la observación.** A diferencia de simplemente mirar, es necesario observar en detalle. Obsesionarse por los clientes y competidores, y observarlos en cada situación posible. Si hace esto, descubrirá que hay muchísimas cosas para mejorar e imitar.

b) **Poner foco en resolverle problemas a la gente.** Estos problemas no tienen que ver con salvar al mundo, sino simples cosas que los clientes necesitan resolver y que por alguna razón nadie hace.

c) **Involucrar a toda la organización** para que las innovaciones no surjan solo de arriba para abajo, sino en todas las direcciones. Nadie mejor que quien está frente al mostrador, en los almacenes o en la administración para buscar mejoras para problemas en cada una de esas áreas.

d) **Contar con métodos para analizar las ideas.** Hoy en día existen infinidad de métodos para poder evaluar si algo es viable o no. El modelo Canvas puede ser una, The Lean Start-up o Design thinking, entre tantas otras. Siempre es importante validar con método la idea y así descartarla o avanzar; pero con algo más que solo una gran intuición.

e) **Rodearse de gente creativa y crítica.** Es necesario tener objetividad sobre la idea. Muchas veces es difícil para el padre de la idea ser realmente crítico y objetivo. En este punto, la visión de un consultor externo puede ser muy valiosa. Si es humilde sabrá aprovechar las críticas, siempre sabiendo de quien vienen para evitar a los abucheadores del cambio. Recuerden que para muchos la innovación es una amenaza.

Es importante aclarar que no solo se trata de generar un nuevo producto o servicio. También pueden innovar en la forma de comercializarlo, en un nuevo formato de administración, en la logística, en cómo estructurar la matriz de costos, etc. Eso sí, la clave es que todas estas mejoras impacten en la realidad de los clientes, generen valor y rentabilidad.

Les contaré un caso que vi hace varios años y que seguramente muchos ya me escucharon contarlo en reiteradas ocasiones, pero es claro y ejemplifica.

En EE.UU., hace aproximadamente siete años, un señor llamado John inventó un celular; sí, un celular en EE.UU. Parecería imposible que un simple hombre pudiera desarrollar un buen producto para competir con las grandes empresas. Salvo que fuera una innovación que le permitiera llegar a un segmento desatendido por alguna razón por el resto de las empresas.

El teléfono de este señor solo tenía números, un botón para llamar y otro para cortar; nada más…

¿Para quién era este teléfono? ¿Cómo se le ocurrió hacer un teléfono tan básico?

Les pregunto a ustedes ¿cuántas cosas quiere de un teléfono su abuela o su tía ya mayor?

Si bien la respuesta no es general, me arriesgo a que un gran número de los mayores solo quiere una cosa: hablar, ¡y que sea fácil!

Este señor observó lo que todos vemos, pero que nadie busca resolver, salvo él. Encontró lo que se llama un **segmento de oportunidad** para generar mucho valor. Tanto era así, que su teléfono se vendía en las tiendas a 250 dólares.

Cuando resolvemos problemas, es fácil generar valor, y si generamos valor, es fácil obtener rentabilidad.

Entonces, ¿cuándo fue la última vez que innovaron en su modelo de negocios? ¿Cuánto tiempo dedican en su organización a la innovación? ¿Escuchan las sugerencias de sus colaboradores sobre cómo mejorar pequeñas o grandes cosas que ellos consideran importantes?

Por último, y para aportar algo más a la materia, a continuación les comparto una nota que escribí para *La Nación* a pedido de un gran amigo (Sebastián Campanario) sobre mi experiencia en Disney Institute, y la forma en que esta prestigiosa empresa logra innovar día a día.

Innovación, lo que aprendí en Disney

El pasado mes de octubre de 2017 fui seleccionado para realizar un entrenamiento en Disney Institute en Orlando. El mismo consistía en ver el detrás de escena de sus procesos y entender cómo esta gran organización logra estar entre las más importantes del mundo desde hace más de 50 años.

Todos conocen a Walt Disney y muchas de sus historias. Walt fue sin dudas un gran creativo e innovador con una gran obsesión: "lograr que la creatividad no muera con él". Fue así que siempre buscó y fomentó la innovación en su empresa.

En este breve artículo recopilaremos algunas de las enseñanzas (no todas, ya que lo tengo prohibido –bajo un contrato de confidencialidad– contar todos los secretos).

1) **Diferenciar la creatividad de la innovación.** La creatividad es un proceso mental común a todos los seres humanos, y que varía de unos a otros en cuanto a dónde se aplica.

Así, tendremos perfiles artísticos, técnicos o múltiples. Sin embargo, la innovación es un proceso organizacional y requiere de un trabajo en equipo y procesos más complejos para desarrollarse. Si bien son primos cercanos, no siempre se logra que la creatividad individual funcione de manera colectiva. Sin creatividad no hay innovación y sin innovación la creatividad no se puede capitalizar o llevar adelante. Con casi 70 mil empleados solo en Orlando, uno de los gerentes del gigante decidió realizar un concurso creativo. El resultado fue abrumador, más de 10 mil actos creativos fueron enviados por mail. No obstante, menos del 1 % de estas ideas pudo transformarse en una innovación. Contrariamente a lo que todos llamarían un fracaso, el gerente sostuvo que "sin 10 mil ideas jamás tendríamos las 100 que pueden generar grandes progresos para la compañía; la próxima, espero tener 20 mil". No menor es el hecho a tener en cuenta de que, antes de solicitar ideas, es importante crear un área y procesos para poder analizar, depurar y ajustar las que tengan potencial. Es muy difícil lograr el salto de la idea a la acción sin una estructura.

2) **Propósito.** En Disney se habla mucho del propósito. Similar a la visión, el propósito es por lo que trabajamos y lo que nos guía y nos marca el camino. En Disney se habla de un faro que guía las acciones de todos en la compañía. Walt siempre sintió la necesidad de transmitir un propósito simple que dejase claro el fin último de la organización. Para lograrlo contrató a un tal Vince France que venía de un rubro totalmente distinto y fue precisamente por eso que le interesó. Según decía Walt: "la creatividad es buena para esconderse en la rutina". Vince llegó a Disney y luego de un tiempo presentó lo que él consideraba el propósito que guiaría y lograría alinear todos los objetivos: "El propósito de esta empresa es generar felicidad a la familia" concluyó el viejo Vince. Este

simple concepto era claro y motivador. ¿Quién no quiere trabajar en una empresa cuyo objetivo principal sea generar felicidad? Asumiendo, además, que cuando la generamos, en parte también somos felices nosotros. Adicionalmente, este concepto fue como una semilla caída en tierra fértil, ya que ahora la innovación tenía un claro propósito.

3) **Equipos creativos.** Disney creía en la diversidad como clave de la creatividad e innovación. Adelantándose a su época, Walt desarrolló lo que llamó equipos creativos. Los mismos estaban conformados por cuatro perfiles diferentes de personas. Por un lado estaban los artistas, los seguían los técnicos, después estaban los optimistas y por último, los que nunca faltan: los pesimistas. Al principio era difícil que se pusieran de acuerdo, pero con el tiempo se lograba un equilibrio que permitía poder cosechar innovación. Con esto generó lo que llamó disparadores creativos: podía ser una idea o un concepto; luego el grupo empezaba a debatirlo, cada uno desde su óptica. Al comienzo era común ver acaloradas discusiones, algo obvio viendo los perfiles existentes, pero con el tiempo el equilibrio lograba que la idea se depurara o descartara, pero todo gracias al aporte de las diferentes visiones.

4) **Todos pueden aportar creatividad.** Este es uno de los aspectos que más están presentes en la cultura de Disney. Todos tienen la libertad para contar ideas y soluciones. Walt sostenía que nadie mejor que quienes hacen el trabajo para generar las ideas que impactarán en la felicidad de las personas. En Disney los managers tiene la obligación de convocar a reuniones semanales con todo el equipo y escuchar sus ideas, anotarlas y luego hacer devoluciones, tanto para cuando una de ellas se lleva adelante, como cuando se decide que no podrán ser implementadas. La comunicación e involucramiento de todos es clave en el proceso de innovación.

5) **Simplicidad.** Existe un dicho que repite frecuentemente: "Si algo es bueno y simple, dos veces bueno". De cuando en cuando sucede que cosas simples generan soluciones fantásticas. Para ejemplificarlo les presentaré un caso ocurrido en Magic Kingdom hace varios años. Cuenta la historia que uno de los empleados del estacionamiento –que puede llegar a albergar a 20 mil vehículos por día–, observó que muchos visitantes olvidaban dónde habían dejado estacionado su auto y que era realmente difícil poder resolver este inconveniente. Así, filas de visitantes se agolpaban todos los días solicitando información sobre su auto, y de ser posible ¡la ubicación! A este hombre se le ocurrió diseñar unas tarjetas con el mapa del estacionamiento, y anotar cada 15 minutos la hora y letra del estacionamiento, así cuando alguien decía no recordar su ubicación, solo bastaba que le recordara aproximadamente la hora en que había llegado y así achicar las probabilidades notablemente. Esta innovación se sigue usando hasta el día de hoy, ya no se hacen colas y así, ¡hay gente que termina el día un poco más feliz, o por lo menos, menos infeliz!

Otro ejemplo fue idea del mismo Walt. Cuando estaba a punto de inaugurar su primer parque notó que los cestos de basura tenían un problema: eran abiertos y eso permitía ver su contenido, generaba olor y muchas veces algunos animales se metían dentro para robar comida (además de dar un aspecto sumamente sucio). Fue así que fue a visitar la fábrica y pidió que por favor le hicieran unos con tapa, hasta les hizo un dibujo. No obstante, la fábrica se rehusó a hacerlo. No contento con esto, se fue a otro fabricante y luego de mostrarle la idea, el hombre accedió a desarrollar un prototipo. Así fue que se llegó a los tachos de basura con un mecanismo para abrir la tapa, que no solo evitan todos aquellos inconvenientes, sino que son tan limpios que es común ver a la gente apoyando a sus niños encima o comiendo sobre ellos cuatro.

6) **Las cuatro claves de la innovación en Disney.** Muchas veces se piensa que a la hora de innovar no existen reglas claras; este no es el caso de Disney. Toda innovación debe cumplir con cuatro puntos y el orden altera el resultado.

- **Seguridad.** La máxima prioridad es la seguridad y no es negociable. Si algo no es 100 % seguro, no es viable por más práctico que sea.
- **Cortesía.** Todo debe realizarse con la máxima cortesía posible, ya que la misma es parte de la experiencia Disney. Esto incluye a las personas, el lugar y los procesos.
- **Espectáculo.** No vendemos productos o servicios, vendemos un show y es fundamental que todo lo que desarrollemos esté pensado para ser parte de un espectáculo.
- **Eficiencia.** "No se trata de reducir los costos, sino más bien de crear mucho valor y con eso cubriremos todos los costos" –sostenía Walt Disney. No es que no importe, pero si convertimos la reducción de costos en prioridad, posiblemente muchas de las cosas geniales que se han logrado en Disney no existirían.

Como pueden observar, la innovación está mucho más al alcance de lo que imaginamos, pero requiere conducta, inversión y procesos estructurados.

Como alguna vez me dijo un profesor: "Existen cosas difíciles y cosas complejas"; sin duda la innovación es algo complejo, pero no difícil.

Financiamiento
o capital

Sabido es en el mundo pyme que uno de sus principales problemas radica en conseguir dinero para fortalecer sus operaciones, realizar inversiones o como capital de trabajo. Esto se debe a una gran variedad de factores que podríamos resumir en:

- **Informalidad.** Muchas veces las pequeñas y medianas empresas son informales y sus estados contables no reflejan la realidad económica en que se encuentran; esto hace que para una entidad financiera sea muy difícil analizar el riesgo real de la empresa o inclusive autorizar pequeños desembolsos que de ninguna manera alcanzarían para sus objetivos. En este punto las empresas siempre deben tener en claro que, si no pueden expresar su estado en números reales, o solo pueden funcionar si se manejan de manera informal, en parte son una empresa irreal. Por supuesto, no desconozco la gran presión tributaria que en muchos casos vuelve inviable un proyecto; pero como dijo alguna vez un gran profesor "si el negocio no es negocio en blanco[4], es otra cosa".

- **Poca claridad en la realidad de los números.** En una estadística a ojo, podría asegurar sin mucho riesgo de equivocarme que cerca del 7 % de las empresas pymes no conoce con certeza su situación real en cuanto a los números. Esta incertidumbre hace que sea riesgoso avanzar en un proceso de endeudamiento, ya que no se conoce realmente si la empresa puede o no hacer frente a las obligaciones.

Para poder avanzar y darle un poco de luz al tema, es importante aclarar primero la diferencia entre financiamiento y capital.

Cuando hablamos de financiamiento estamos hablando de alguien, particular o institución, que presta X cantidad de dinero a cambio de una cuota y unos intereses, siempre tomando en garantía algún activo que sirva de seguro ante una eventual imposibilidad de pago por parte del deudor.

Si hablamos de capital estamos refiriéndonos a alguien, particular o institución, que aporta dinero en forma de capital, contra una participación accionaria en cualquiera de sus formatos. Básicamente, un capitalista aporta dinero a la empresa y como contraprestación se hace acreedor a una parte de ella. En este caso no existe un seguro o una cuota o intereses, al menos en la mayoría de los casos. El capitalista apuesta al crecimiento del valor de la empresa; luego, podrán existir o no distribuciones de dividendos. Es básicamente lo mismo que cuando compran una acción de una gran empresa.

No existe técnicamente una opción mejor que otra, la elección depende de la situación. No obstante, en mi opinión, si una empresa quiere crecer de manera sólida debe tener una buena estructura de

---

4　Terminología usada en Argentina para referirse a empresas que cumplen 100 % con su obligación tributaria y laboral. En contraposición se llama "en negro" a todo negocio que se realiza sin registros formales.

financiamiento para lo corriente y capital para inversiones con un riesgo mayor.

Como ya dijimos, para poder avanzar en esta elección es vital tener muchísima claridad en cuanto a los números reales de la empresa y sobre esta base analizar las alternativas.

En países como Argentina, y sé que en muchos otros también, existen desde hace un tiempo, infinidad de opciones de financiamiento subsidiadas por el Estado y con plazos para su pago muy convenientes. Estas opciones son oportunidades, pero deben ser analizadas con mucho cuidado y se debe tener un buen control para que el destino de estos fondos realmente se usen para lo que fue pensado y no para cubrir déficit de caja.

Respecto al capital, es el gran déficit de los países latinoamericanos ya que no hay una sólida estructura de inversores de capital y los mercados bursátiles difícilmente estén al alcance de las pymes. En general, los capitalistas se limitan a particulares, amigos, familiares o conocidos para que aporten capital –en muchos casos de manera un tanto informal. No olvidemos que muchas veces el mayor capitalista es el propio empresario, quien aporta capital sin tener muy en cuenta el costo de oportunidad. Ya hablaremos más tarde de este concepto y la importancia de tenerlo en cuenta.

En finanzas es sabido que si uno tiene opciones de financiamiento a un 10 %, por ejemplo, y cuenta con la posibilidad de aportar capital propio, este último debe ser tratado como si fuera un préstamo y por ende se le debe exigir un retorno, que debería ser superior al que uno consigue en el mercado. Tomando el ejemplo del 10 %, se le debería pedir el 12 o 13 % al aporte propio. Si no quieren pensarlo como un préstamo y sí como aporte de capital, deben tener en cuenta que lo que están haciendo es incrementar el activo de la empresa, y esto aumenta la exigencia de rentabilidad neta al final del ejercicio.

Ejemplifico: imaginemos que han invertido un millón de dólares a lo largo de los años en su empresa y que ese capital se incrementó a 1,5 millón debido al buen rendimiento del negocio. Entonces deciden aportar 500 mil dólares más para afrontar una mejora o inversión. Ahora, el total de su capital invertido es de dos millones. Estos dos millones tienen que generar al final del ejercicio una rentabilidad tal que compense un uso alternativo, por ejemplo en un plazo fijo + un plus por el riesgo empresario (en torno al 5 %), digamos 10 % tasa interés plazo fijo + 5 % riesgo empresario. Esto no siempre es posible, ya que el aporte de capital no genera beneficios inmediatamente; por ende deben tener en cuenta que hasta que logren esos resultados estarán perdiendo de ganar lo que podría ganarse en un uso alternativo.

Como ven no es una cuestión tan sencilla, pero es clave y crítica en la realidad de cualquier empresa.

En general les recomiendo

- *Trabajar mucho en ordenar sus números, si es posible con la metodología PEF.*
- *Recurrir a asesores financieros que tengan una visión más amplia y sean expertos.*
- *Empezar a medir el costo de oportunidad de sus inversiones, sobre todo en sus empresas.*
- *Separar el concepto de capital de trabajo financiero del de inversiones para evitar usar recursos de uno en el otro.*
- *Tratar de tener ordenada y como es debido la exposición formal de sus empresas para que –en caso de ser necesario y ante el requerimiento de un tercero–, puedan mostrar rápido su atractivo, si es que lo tiene.*

¿Cómo saber si estoy invirtiendo bien?

 Por **Pablo Marek**[5]

En este capítulo, con suma simpleza, pero no con menos profundidad, Pablo nos da tips para tener en cuenta a la hora de pensar en realizar una inversión, nos introduce en el concepto de costo de oportunidad y nos da herramientas necesarias para pensar mejor antes de tomar una decisión de inversión. Recuerden que no se trata de solo seguir la intuición, también hay que dotarla del menor riesgo posible.

Actualmente se habla muchísimo del emprendedor, como de aquella persona que comienza un proyecto para transformarlo en una nueva empresa. Sin embargo el empresario que dirige su pyme también es un emprendedor nato, ya que toma decisiones para subsistir, mejorar, modernizar, hacer crecer o expandir su negocio, lo que lo ubica en ese rol de pensar y ejecutar proyectos. Los empresarios pymes tienen una enorme vocación de invertir en su negocio, de avanzar y crecer aun en coyunturas de crisis.

---

5 Pablo Marek es CEO de Hulk, consultora empresarial para pymes. Docente de diseño y evaluación de proyectos en la Universidad Nacional de La Pampa. Cofundador del Club On Line de Emprendedores en Argentina. Escritor y autor de cientos de artículos periodísticos.

Las inversiones deberían ser producto de un proyecto mínimamente estudiado, que para hacerlo realidad y llevarlo adelante, debería basarse en información que ayude a saber si es conveniente o no, desde distintos ángulos. Es decir, cómo tomar la mejor decisión, la más óptima e inteligente para la empresa, sabiendo que la ejecución del proyecto le agrega valor al negocio, mejora la rentabilidad o su posición competitiva.

Este proceso de pensamiento - análisis - decisión - ejecución, muchas veces es marginado por el empresario –sobre todo en pequeñas empresas–, a veces producto del desconocimiento de ciertas técnicas de decisión, otras por apremios de tiempos al momento de tomar la decisión, por miedo a que la oportunidad de negocio pueda escaparse o simplemente porque prefiere apoyarse en su intuición.

Es común, en mi rol de consultor, escuchar a mis clientes contarme en tiempo pasado: "¡Compré una máquina nueva!". "¡Ya alquilamos un local adicional!" "¡Me surgió una oportunidad y compré la camioneta!" La decisión ya se tomó. ¿Está bien o está mal? Como dice el dicho ¡ahora ya están en el baile, tienen que bailar! (a veces transpirados y con cara de espantados).

Vamos a introducir algunos elementos claves para tomar mejores decisiones. ¿Hay un método infalible? ¡NO! Siempre hay riesgos e incertidumbres en la actividad empresarial; así es el mundo de los negocios, hay variables que controlamos y otras que no, pero hay técnicas que nos ayudan a estar un poco más tranquilos en lo que hacemos. En términos generales, los beneficios de realizar un proyecto deben ser mayores a los costos e inversión que implican.

La clave para lograr buenos resultados reside en plantearse buenas preguntas:

La primera pregunta a realizarse es: ¿por qué surge la necesidad de este proyecto, cuál es mi objetivo estratégico y para qué realizaré la inversión?

La segunda. ¿Qué necesito para realizarlo y si es conveniente esa decisión desde el punto de vista económico?

La tercera. ¿Cómo afronto esta inversión, con recursos propios o de terceros?, y ¿cuál es la mejor alternativa desde el punto de vista financiero?

La primera pregunta es bastante simple de responder porque el empresario conoce su negocio, pero suele pasarse por alto por la vorágine del día a día. Por ejemplo, en un proyecto de ampliación de capacidad productiva, el origen debería ser producto de las posibilidades concretas de vender más, deberíamos tener demanda creciente y constante de nuestra producción actual y estar en un nivel cercano a la capacidad máxima –esto lo notamos en entregas atrasadas o pedidos que no podemos tomar. También la intención de incursionar en nuevos mercados geográficos o nuevos canales de distribución habiendo estudiado previamente si puedo colocar mi producto o servicio sin problemas. Como ejemplos tenemos empresas que amplían la superficie de su galpón, que incorporan maquinarias adicionales de mayor capacidad o calidad, adquieren un camión para cubrir la logística de entrega adicional, abren un nuevo local, etc. En estos casos se trata de colocar más productos y servicios actuales a los mismos tipos de clientes, o para nuevos clientes (como un canal distinto del actual o en puntos de venta nuevos).

Otros casos de proyectos de inversión son los llamados de "integración vertical" hacia atrás, cuando la empresa reemplaza un proveedor al que le compraba una materia prima y decide evaluar si le conviene producirlo por sí misma. Integración hacia adelante es cuando se plantea dejar de comercializar total o parcialmente a otras empresas, para pasar a tener puntos de venta propios.

Existen proyectos para diversificar, es decir, tener una nueva fuente de ingresos gracias al desarrollo y lanzamiento de nuevos productos o servicios destinados a mercados totalmente nuevos.

Los proyectos de inversión para modernización o reemplazo a veces se emprenden por obligación y no por una decisión estratégica, ya sea porque terminó la vida útil del activo o para no quedar rezagado frente a la competencia que, por ejemplo, ha incorporado nueva tecnología.

Otro tipo de decisión enfrentamos cuando la empresa está actualmente produciendo (con infraestructura, equipos y personas) y deseamos evaluar si es conveniente encargar la producción a un tercero. O viceversa, en el caso de contratar o comprar, evaluar si es conveniente tener una producción propia.

Salvo que el proyecto nos ayude a ser más eficiente, ahorrar costos o tiempos (por ejemplo al incorporar una tecnología que nos ayude a fabricar a mejor costo que la actual, o realizar una consultoría para mejorar un proceso que haga a la empresa producir más en menos tiempo), casi siempre se requiere vender más, pero ¿cuánto más?

Vamos ahora a la segunda pregunta clave: ¿qué necesitamos para llevarlo a cabo y cómo tomar la decisión desde el punto de vista económico?

Necesitamos determinar la inversión total necesaria para el proyecto, pero es muy importante que no se piense en términos de dinero. Suelo escuchar "necesito $600 mil" o "quiero sacar un crédito en el banco a tasa subsidiada", etc. Deberíamos volver al párrafo anterior y responder la primera pregunta. En realidad no se necesita dinero, se necesitan determinados recursos y hay que listarlos. Claro que probablemente parte de esos recursos no los tengamos o no los podamos conseguir y necesitemos dinero para adquirirlos; pero ya veremos esto y por qué es importante pensarlo de otra forma.

Las preguntas que nos ayudan a clarificar son:

1. **¿Qué necesito para llevar a cabo el proyecto?** Ejemplo: un lugar de 100 m², transportar más mercadería, un vendedor adicional, etcétera.

2. **¿Qué alternativas tengo para cada necesidad?** Ejemplo: local propio, local alquilado o en espacio de un tercero con un acuerdo o alianza, vehículo propio, contratación de flete.
3. **¿Cuáles son inversiones y cuáles son costos?** y ¿qué valor tienen? Si es un bien propio, buscar alternativas (modelos y características distintas e incluso no solo pensar en algo nuevo sino también en usado). Si lo resolvemos con terceros, pasa a ser costo y disminuye la necesidad de inversión para mi proyecto.

Esto nos ayuda a pensar las mejores alternativas y no quedarnos con una solución que quizás no sea la óptima. Por ejemplo, si pensamos que lo que necesitamos es transportar mercadería y no un vehículo, el abanico de alternativas es mayor y nos ayuda a tomar mejores decisiones.

Hay tres tipos de inversión: activos fijos, activos intangibles e incremento del capital de trabajo (recursos extras de la operación del negocio).

Las inversiones en activos fijos son aquellas que se refieren a todo tipo de bien durable y tangible, como por ejemplo edificios (comprar, construir o ampliar), vehículos, máquinas, equipos, etcétera.

Las inversiones en activos intangibles son aquellas que son durables y requeridas para que el proyecto funcione, pero no son tangibles, como un software de gestión (licencia o desarrollo), diseño, página web, capacitaciones, estudios de ingeniería, etcétera.

El tercer tipo de inversión que aparece en un proyecto se refiere a la necesidad adicional de capital de trabajo, muchas veces desestimado en el cálculo de fondos necesarios y que luego genera una gran complicación financiera.

En inversiones que realizan las empresas en marcha, esto se materializa como el incremento de la necesidad de recursos para la operación a partir de que el proyecto es implementado. Técnicamente consiste en comparar la situación actual sin el proyecto versus la situación futura con el proyecto realizado, y determinar por diferencia qué aumentos incrementales habrá en las ventas y, de acuerdo a nuestro ciclo operativo, determinar en consecuencia qué aumentos incrementales habrá en nuestros costos –por ejemplo, si gracias al proyecto prevemos un aumento de las ventas en un 30 %, se requiere financiar el aumento en la producción, más compras de insumos y materias primas (los proveedores podrían financiarnos), más consumo de servicios, más mano de obra–, y disponer de fondos para soportar el tiempo de cobranza de las ventas adicionales.

Determinada la inversión total necesaria, nos queda analizar qué costos nuevos aparecen a causa del proyecto (por ejemplo: más empleados), cuáles costos se mantienen iguales porque son fijos y cuáles van a cambiar proporcionalmente a las ventas adicionales (costos variables).

Ahora sí podemos contestar la segunda pregunta: ¿es conveniente la inversión desde el punto de vista económico?

Cuando se realiza una inversión o se afectan recursos a un proyecto, se renuncia o se pospone la utilización de esos recursos en el presente, con la expectativa de que en el futuro se generarán fondos adicionales de tal magnitud que recuperaremos lo que invertimos en un tiempo considerable, mientras generamos una ganancia extra como rentabilidad o rendimiento esperado. Lo que deseamos es que por cada peso invertido, se genere la mayor ganancia posible.

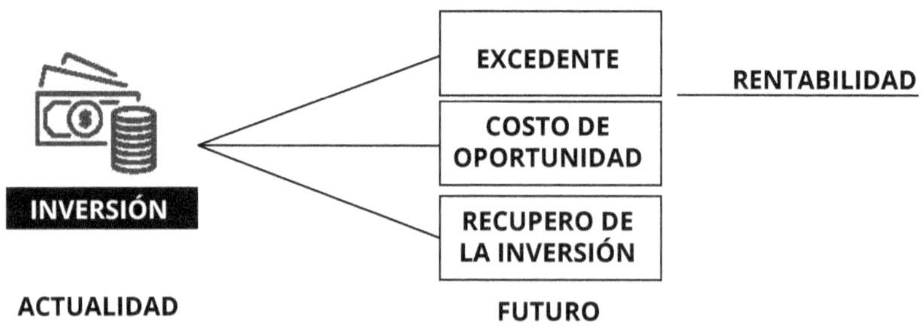

Si queremos ser rigurosos y exigentes con nuestra inversión, debemos introducir en el análisis un concepto que muchas veces se deja de lado y es el "costo de oportunidad", entendido como "lo que dejo de ganar" porque elijo realizar la inversión en esta alternativa y no en otra que también sea posible. ¿Y por qué surge esto? Debido al valor que tiene el dinero en el tiempo, no es lo mismo ganar hoy $10 mil que dentro de cinco años, y en esto no tiene que ver la inflación (que es un concepto aparte), sino porque existen alternativas en el uso de los fondos.

En una empresa en marcha, por ejemplo, podría evaluar el ingreso en un nuevo negocio (diversificación), pero a la vez tener la alternativa de invertir y ampliar su negocio actual donde conoce la rentabilidad, entonces la primera disyuntiva es: ¿invierto más en el negocio actual o invierto en el nuevo? Si decidiera invertir en el nuevo negocio, dejaría de invertir en el actual y por lo tanto sabría lo que "deja de ganar" y eso es lo mínimo que le debe exigir a la nueva inversión. Así incluye el costo de oportunidad.

Otra manera de verlo, es entendiendo que con el dinero disponible para el proyecto también se tiene la opción de generar ingresos mediante su colocación en el sistema financiero (como un plazo fijo o fondo de común de inversión), sabiendo exactamente su rentabilidad (descontando la inflación), con retorno de fondos previsible y con un alto grado de seguridad en el recupero (salvo que aparezca "san corralito"). Entonces a la inversión que la empresa realiza en su proyecto productivo le exige como mínimo un retorno como el que "dejaría de ganar" en una inversión financiera tradicional (podría exigir ganar más, de acuerdo al riesgo del proyecto).

Adicionalmente al costo de oportunidad, se debe obtener un excedente por el riesgo que implica la incertidumbre sobre el recupero y para aspirar a una ganancia determinada.

En resumen, y sin ser rigurosos técnicamente, un empresario debe aspirar a invertir en proyectos que le generen beneficios durante los años que dura el proyecto, de modo que recupere su inversión, obtenga el dinero "que deja de ganar" en otra inversión posible y, adicionalmente, logre fondos extras, lo que indicará que su inversión es económicamente rentable; y para eso debe pensar en términos de los flujos de fondos (ingresos y egresos) que genera el proyecto.

Y por último podemos contestar: ¿cómo afrontar los recursos necesarios: con fondos propios o de terceros? ¿Cuál es la mejor alternativa desde el punto de vista financiero?

Además de la rentabilidad existe otro aspecto básico que se debe contemplar para analizar la inversión: la liquidez generada por el proyecto. Esto se refiere al dinero que queda a disposición de la empresa en cada momento (diferencia neta entre ingresos y egresos) y es lo que permite, por ejemplo, saber si puedo afrontar la devolución de recursos de terceros.

Me gusta hablar de financiamiento inteligente, como de aquella combinación de fuentes de financiamiento que mejor se adapten en tiempo y forma a las necesidades del proyecto.

Al haber detallado todo lo que se necesita en recursos y luego valorarlos, obtenemos la inversión total necesaria.

Lo que recomiendo es mirar primero rubro por rubro y revisar si realmente necesitamos todo lo que hemos listado; y si no hay nada para eliminar, hacer el ejercicio de pensar cómo podríamos bajar el monto de manera creativa utilizando distintas alternativas.

Parece obvio decirlo, pero si podemos bajar la inversión o escalonarla en el tiempo logrando el mismo objetivo, obtendremos mayor rentabilidad por cada peso invertido a la vez que reduciremos el riesgo y el tiempo de recupero.

Luego habrá que establecer un calendario con los momentos exactos en que necesitamos cada uno de esos recursos, ya que quizás no los necesitemos todos en el mismo momento y, si fuera posible escalonarlos, podremos programar mejor la obtención de las fuentes de financiamientos y aportes.

Es común en ciclos económicos de bonanza, que las empresas rentables financien sus proyectos con sus excedentes de caja; pero en momentos de baja actividad económica esto quizás no sea posible. A veces el monto de inversión necesario es alto para afrontarlo con recursos de la empresa, y entonces muchas veces son los socios los que deciden realizar un aporte extra de capital para afrontar el proyecto, y otras veces son oportunidades para incorporar nuevos socios mediante aportes que se destinan a la nueva inversión.

Una fuente de financiamiento rápida (y a veces sin costo financiero extra) pueden ser nuestros proveedores actuales. Esos socios estratégicos también están interesados en mejorar el volumen de negocios y la relación, de ahí que, planteándoles el proyecto, se puede recibir apoyo y obtener mercadería adicional, por ejemplo, o estirar los plazos de pagos.

Otro ejemplo para conseguir recursos de manera rápida, es lograr que los clientes realicen anticipos de dinero por compras a entregar posteriormente, en el momento en que el proyecto esté implementado. Es necesario preguntarnos: ¿todo lo que necesitamos debe ser nuevo o podría servirnos algo usado y por lo tanto de menor valor?

Compartir recursos también es una opción, ¿ese espacio que necesitamos no podría conseguirlo con un aliado al que le sobren metros cuadrados?, ¿no habrá transportistas con capacidad ociosa en sus viajes?

Si la inversión que vamos a afrontar en activos fijos o intangibles la vamos a obtener de un proveedor nuevo, debe plantearse si ofrece financiamiento y cuál es su costo, pudiendo ser más conveniente y rápido que un crédito bancario.

Un esquema conocido es el leasing, el cual en términos simples es obtener el bien que necesitamos y pagar un alquiler que se va acumulando teniendo siempre la opción de compra.

Si la opción que nos queda es el endeudamiento, también tenemos alternativas dentro del sector bancario y financiero, dentro del sector público y hasta de créditos online –ahora en auge. Para afrontar y decidir sobre dicho endeudamiento debemos tener en cuenta:

- **Destino de los fondos.** Hay créditos diseñados para cada destino, teniendo los destinados a activos fijos y de más largo plazo y los de aumento de capital de trabajo de menor plazo.
- **Monto**. Hay líneas con tope de monto, o incluso en la evaluación de riesgo crediticio el monto que requerimos excede la relación con nuestro patrimonio o capacidad de repago.
- **Tasa de interés (costo financiero total) y tipo.** Generalmente obtendremos el dato de la tasa de interés nominal, que es la tasa que se utiliza para calcular el monto de interés a pagar sobre el saldo de deuda; pero lo que debemos tener en cuenta son los gastos administrativos y comisiones incluidas, así como la comisión al otorgamiento, ítems que encarecen la tasa, lo que denominamos costo financiero total.
Existen tasas de interés fijas y tasas variables ajustables por diversos criterios, las cuales deberán ser revisadas para decidir cómo impactarán en distintos escenarios sobre nuestro flujo de fondos futuro.
- **Período de gracia y plazo total.** Hay líneas de crédito que dan la posibilidad de pagar solo intereses en los primeros períodos dando el tiempo y el aire necesario para consolidar el proyecto para luego sí poder afrontar la devolución del capital. El plazo total es importante porque determina la magnitud de la cuota. Existen, de acuerdo al destino, créditos a corto plazo (menos de 12 meses) y a largo plazo (desde 2 años hasta 10 años) en los créditos promocionales del sector público.
- **Requisitos y garantía solicitada.** Hay créditos de bajo monto que pueden obtenerse "a sola firma" o con fianza solidaria de personas físicas, y otros de mayor monto que exigen más requisitos y garantías –que cubren no solo el monto a obtener sino un porcentaje adicional–, que muchas veces no son posibles de conseguir. Los bancos denominan a esto "aforo", necesitan que la garantía cubra entre 130 y 200 % por encima

de lo solicitado. Lo más común es tener que hipotecar un bien –lo que no se justifica por el monto a pedir.

- **La agilidad y rapidez en el otorgamiento.** Suele ser una variable importante, ya que nuestro proyecto puede estar expuesto a una ventana de oportunidad que no permite esperar un trámite de otorgamiento de meses, ya que quizás se modifiquen las condiciones que lo hacían viable. Esto sucede con los créditos de promoción del sector público, que si bien a veces cuentan con las mejores condiciones en plazo y tasa de interés, por estar dentro de un circuito administrativo burocrático muy fuerte requieren mucho desarrollo en la formulación del proyecto, solicitud de requisitos de documentación, exigencias de estar al día en ciertos impuestos, demoran mucho y dejan de ser convenientes.

Últimamente están en auge los créditos online con el sistema "Crowdlending", que si bien otorgan montos no muy altos, son plataformas de intermediación muy seguras y rápidas, donde se vinculan personas como inversores particulares, y en grupo le prestan dinero a empresas a cambio de un interés, sin la intervención de un banco.

Con toda esta información podemos incorporar el préstamo, las cuotas de capital e interés a nuestro flujo de fondos financieros y saber si podemos afrontar el repago de la deuda en cada período de acuerdo a la liquidez del proyecto, y adicionalmente saber si es conveniente ese financiamiento por aumentar la tasa de rentabilidad por efecto apalancamiento.

Es importantísimo que los dueños de negocios pymes o decisores tengan claras estas nociones básicas, siendo conscientes de las consecuencias de los proyectos que concretan y que, si bien no es indispensable que dominen técnicas de evaluación, esto los ayudará a tomar mejores decisiones, y realizarán proyectos viables y rentables, logrando en definitiva no solo mejoras en su capital, sino también en la sociedad y el empleo.

Recomendamos por supuesto, si la magnitud y riesgo del proyecto lo ameritan, se encargue a especialistas la realización de una evaluación del proyecto de inversión mediante un flujo de fondos económico-financiero y se establezcan los indicadores de evaluación para determinar su rentabilidad y decidir si es conveniente o no (valor actual neto, tasa interna de retorno y período de recupero de la inversión), sobre todo en tiempos de tasas de inflación de dos dígitos, para realizar una correcta proyección de los flujos de fondos futuros con técnicas de deflactación.

Sea prudente al analizar las inversiones, busque alternativas y decida siempre lo mejor para su empresa, pero también para usted como empresario. Asumir más riesgo del que puede soportar o invertir su capital en algo que rinda menos que un uso alternativo puede ser algo que se pague muy caro con el tiempo.

El costo de oportunidad

¿Estamos midiendo bien el costo de oportunidad de nuestro negocio?

El concepto de costo de oportunidad seguramente es conocido por todos, pero también es casi seguro que muchos no saben claramente cómo no ser víctimas de las consecuencias de no tenerlo en cuenta.

Al igual que tantas otras herramientas económicas, la noción de costo de oportunidad parece demasiado ingenua para ser útil o significativa. Pero frecuentemente son las ideas más sencillas las que se pasan por alto. Para comprobar esto, pregúntense lo siguiente: ¿explotaría alguien un negocio que produjera, por ejemplo, el 8 o 10 % sobre el capital invertido si ese mismo capital pudiera conseguir, por ejemplo, el 16 % en otro negocio con un riesgo comparable?

Shlomo Maital define el costo de oportunidad de una forma muy simple: "Los economistas tienen una forma muy curiosa de definir y medir los costos. En lugar de preguntarse: ¿cuánto me cuesta esto? o ¿cuánto tengo que pagar por ello?, los economistas insisten en determinar el costo de las cosas formulando la pregunta así: ¿a qué tengo que renunciar para conseguir esto? Esta pregunta, más bien extraña, resulta que tiene una gran cualidad analítica si se hace un uso frecuente de ella. Todos los auténticos costos son oportunidades perdidas de uno u otro modo; pero no todas las oportunidades perdidas se ven representadas en el talonario de cheques. Algunos costes tienen una extraordinaria habilidad para ocultarse".

A continuación un ejemplo de la vida real, cambiando algunos nombres para no revelar la fuente.

Francisco era un comerciante de la zona de Belgrano, en Buenos Aires. Tenía una ferretería en una de las esquinas más importantes del barrio. Todos lo conocían y contaba con una extensa lista de clientes. Era feliz y el negocio le permitía vivir muy bien. Pero un día no tuvo mejor idea que asistir a un curso sobre dirección de empresas y un profesor le dio una muy mala noticia. Su negocio no era negocio, o por lo menos no como él creía.

Francisco recuerda ese día como uno de los peores en su vida de empresario. Se encontraba cursando un módulo sobre finanzas y de repente, el profesor a cargo hizo una pregunta.

—¿Quién de ustedes tiene una empresa o comercio?

Francisco, al ver que nadie levantaba la mano, respondió:

—Yo tengo un negocio.

—Muy bien —dijo el profesor, y repreguntó.

—¿Gana dinero? Sin importar cuánto —aclaró.

—Sí —respondió Francisco.

—¿Está seguro? —volvió a preguntar el profesor.

—Sí, estoy seguro.

—Muy bien, ¿se anima a hacer un análisis sobre su comercio y ver si realmente gana dinero?

—Por supuesto —dijo Francisco, un poco enojado por la forma en que se había dado la conversación.

A continuación el profesor le pidió que armara en el pizarrón cuál era su estado de resultados. Básicamente ingresos, egresos y la rentabilidad neta.

Francisco lo armó rápidamente ya que lo había hecho hacía poco tiempo. Cuando terminó, el profesor lo miró y le preguntó:

—¿Está seguro de que esa es su rentabilidad neta?

—Totalmente —respondió Francisco.

—¿Ve?, le dije que usted no estaba ganando dinero, o mejor dicho, no el que usted cree. Y procedió a explicarle.

Francisco había realizado un muy detallado estado de resultados, donde estaban los ingresos, los costos variables y todos los costos fijos y semifijos. También había realizado, para sorpresa de todos, un análisis que incluía los impuestos, amortización, etc. Pero había obviado algo que el profesor preveía. No había incluido ni su sueldo ni el alquiler del local, tampoco el costo del capital invertido (varios millones).

Cuando el profesor agregó el sueldo de un gerente, el alquiler promedio de un local de esas características en esa zona y una tasa libre de riesgo al capital invertido, el resultado cambió bruscamente. De un resultado muy interesante pasó a ser negativo o cercano a cero.

Francisco, con una sonrisa en la boca, le dijo:

—Solo deben registrarse los ingresos y egresos efectivamente realizados, como recordaba de sus años de contabilidad en la secundaria y tal cual le había dicho el contador.

Tenía razón, pero el hecho de que no los hubiera pagado no significaba que no estuvieran ahí. Eso es el costo de oportunidad.

Esta experiencia le sirvió mucho a Francisco ya que unos meses después decidió mudar su negocio y alquilar su local. Esto le permitió obtener una rentabilidad mayor, ya que ahora paga la mitad de lo que cobra por alquilar su local.

Este es tan solo uno de tantos ejemplos sobre el costo de oportunidad, algo que todos creemos conocer, pero que pocas veces usamos debidamente.

Patrimonio empresa, patrimonio empresario

Este capítulo podría enmarcarse más en un consejo que en una cuestión teórica.

En países tan inestables y riesgosos como el nuestro, la Argentina, el éxito o fracaso de un negocio no se debe solo a las malas decisiones. Las tan temidas crisis muchas veces vienen como una tormenta que no supimos anticipar y arrasa con todo; en muchos casos con años de trabajo y esfuerzo.

Por supuesto, dependiendo de la etapa empresaria en la que se encuentren, este capítulo tendrá más o menos relevancia. No obstante, es importante comprender el concepto y tenerlo siempre presente. Lo primero que tenemos que comprender es que cuando hablamos de patrimonio empresa, hablamos básicamente del estado de situación patrimonial, o sea la resultante entre el activo menos el pasivo. Suponiendo que este sea positivo, constituye parte del patrimonio personal, siempre y cuando puedan vender la empresa y hacerse acreedores de ese resultado, cosa que no siempre es tan factible.

Los empresarios pocas veces tienen el estado de situación patrimonial real actualizado y viven tomando decisiones de inversión; ya sea reinvirtiendo, endeudándose o aportando su propio capital. La cuestión aquí es que si todo lo que ganamos lo reinvertimos, si una herencia que recibimos o todo compromiso con terceros lo metemos en la empresa, el patrimonio de la persona individual termina siendo el patrimonio empresa. ¿Cuál es el problema? Que si algún día –Dios no lo quiera–, tenemos problemas en la empresa y por ejemplo la cerramos, no solo perderemos el patrimonio empresa, sino también el patrimonio personal.

La recomendación es simple y es solo eso, una recomendación: si han logrado tener un negocio próspero y ese negocio ha generado excedentes y esos excedentes son parte del patrimonio neto de la empresa, la recomendación es que, luego de haber analizado todo bien, saquen parte de ese patrimonio de la empresa y lo pasen al patrimonio personal. Por ejemplo, comprando una casa o invirtiendo en algo que no tenga que ver con la actividad de la empresa. Es importante resaltar que estas nuevas inversiones deben estar a nombre de otra razón social o particular, distinta de la de la empresa.

De esta forma usted estará disminuyendo su riesgo personal en relación a su negocio, y así, si por ejemplo llega esa tan temida tormenta y pasa lo peor, usted habrá perdido parte de su patrimonio personal (el que estaba en el de la empresa y le correspondía por sus acciones), pero no todo lo que usted tenía.

Es muy importante aclarar y con mucho énfasis que, bajo ningún concepto, el hecho de construir un patrimonio personal implica descapitalizar la empresa; esta debe contar con un patrimonio sólido que asegure sus operaciones y que no las ponga en peligro, siempre teniendo en cuenta el costo de oportunidad ya desarrollado en capítulos anteriores.

Otra aclaración importante es que muchas veces el empresario utiliza los fondos de caja para financiar inversiones personales, desde un auto hasta un campo. Esto no es correcto, salvo que realmente lo que se está llevando sea ganancia neta y que esta ganancia no sea necesaria de ser recapitalizada en la empresa. Sacar fondos de la empresa sin analizar si esto es posible, puede ser un gran problema a futuro. Usted tiene que tener un sueldo y con el excedente de ese sueldo ahorrar, y una vez al año con los números arriba de la mesa, analizar el rendimiento real de la empresa, y si realmente fuera positivo, ahí sí puede realizar el gasto deseado.

Franquicias, una buena alternativa para las pymes

 *Por **Carlos Canudas**[6]*

Como bien explicará Carlos en este breve pero clarísimo capítulo, las franquicias están al alcance de la mano de un pyme y pueden ser una forma de crecer sin tanto riesgo y sin tanta inversión propia. Es una excelente forma de distribuir el riesgo entre muchos. Por otro lado, también es una forma de estar obligado a innovar y mejorar de manera constante bajo la mirada de los franquiciados, que siempre esperan de usted que los guíe y los haga crecer.

El 80 % de los negocios independientes mueren antes del primer año de vida. Las causas pueden ser de diferentes tipos, pero el solo hecho de ver ese porcentaje tan alto, asusta. Los índices de mortandad de las franquicias, en cambio, hablan del 10 % al cabo de cinco años. Esto es así porque las franquicias minimizan los riesgos de las operaciones comerciales. Marcas reconocidas, productos o

---

6 Carlos Canudas es el máximo referente del mundo de las franquicias en Argentina, con grandes casos de éxito en toda América Latina.

servicios ya aprobados por los consumidores, economía de escala, transmisión de experiencias, buena localización de los puntos de ventas, fuente de ideas de franquiciados, estandarización de operaciones y un sinnúmero de ventajas hablan de esta sostenibilidad en el tiempo.

En la actualidad, los inversores o potenciales franquiciados consideran esta circunstancia como un valor muy importante a la hora de invertir en un negocio.

Las franquicias son un sistema de expansión comercial y no una industria en sí misma, quizás el mejor de los sistemas que actualmente se conozca en el mundo entero. Los beneficios de crecer y expandirse con gestión y capital de terceros son muy positivos. No por nada, en todos los países, el sistema tiene un crecimiento de por lo menos cinco veces mayor al crecimiento de sus PBI.

Otro dato de importancia es que el sistema de franquicias se está extendiendo a cada vez más sectores de actividad, solo en Argentina lo aplican más de 75 rubros, y se está ampliando a la construcción, las industrias, incluso a instituciones relacionadas con la salud o con la cultura. Los rubros más utilizados siguen siendo los relacionados con la gastronomía en todos sus tipos, seguido por la indumentaria y los servicios.

Este año, el *franchising* en Argentina cumple 30 años de aplicación, donde el 90 % de las marcas son nacionales. En Latinoamérica somos el tercer país después de Brasil y México, pero somos los principales exportadores de franquicias con 170 marcas y 1.750 puntos de venta, principalmente de indumentaria y gastronomía. De ellos, el 50 % está en los países vecinos, donde nuestros conceptos se destacan por la creatividad, la innovación y el buen diseño.

Desde inicios del 2016 tenemos regulación en materia de franquicias a través de un capítulo entero en el nuevo Código Civil y Comercial de la Nación, lo que ha solucionado problemas de transparencia, independencia jurídica entre franquiciante y franquiciados y, por lo tanto, la no solidaridad entre ambos, concepto muy temido antaño por los empresarios.

Sin dudas, si usted es empresario, debe pensar que el *retail* tiende hacia las redes o cadenas, y lo vemos en los centros comerciales o grandes avenidas, donde se replican las mismas marcas por todos lados. Aplicando el sistema de franquicias obtendrá una capitalización y valorización de marca más rápidamente que con sucursales propias. No lo dude, la franquicia es buen negocio.

¿Cómo funciona el *franchising*?

Hay franquicia comercial cuando una parte, denominada "franquiciante", otorga a otra, llamada "franquiciado", el derecho a utilizar un sistema probado, destinado a comercializar determinados bienes o servicios bajo el nombre comercial, emblema o marca del "franquiciante", quien provee un conjunto de conocimientos técnicos (*know how*) y la prestación continua de asistencia técnica o comercial, contra una prestación directa o indirecta del "franquiciado".

El "franquiciante", quien otorga la franquicia, licencia su marca, transmite su saber hacer, a veces provee productos o servicios y fundamentalmente se ocupa de la asistencia inicial y continua del franquiciado. Es quien tiene a su cargo velar por el buen funcionamiento de la cadena, y para ello capacita y controla la red.

El "franquiciado" es quien aporta el capital necesario para poner en marcha el negocio franquiciado y se ocupa de gestionarlo/operarlo a lo largo de la vigencia del contrato. Es el que abona al franquiciante un *fee* (pago) de ingreso al inicio del contrato (mínimo cuatro años en Argentina) y regalías mensuales por los servicios de asistencia que recibe.

Veámoslo en el siguiente gráfico.

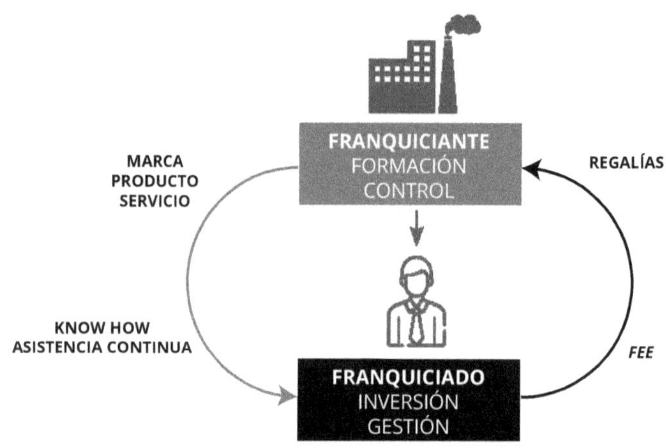

Tipos de franquicias

Veamos los tipos de franquicias que existen:

Franquicia maestra (*Master franchise*)

Es el contrato mediante el cual una empresa otorga una (1) franquicia fuera de su país de origen, otorgándole una exclusividad en un territorio, dándole a la vez la posibilidad de subfranquiciar el negocio entre los interesados locales.

Multifranquicia o franquicias múltiples

Es el acuerdo en el cual un (1) franquiciante autoriza al franquiciado a abrir hasta un número determinado de locales. En principio no incluye la posibilidad de subfranquiciar. Por ejemplo: una empresa otorga la franquicia de su marca a un franquiciado para la apertura de cinco locales en una zona exclusiva.

Franquicia individual

Es el tipo más común. Un empresario independiente adquiere una franquicia para operarla en una sola unidad. Si quiere abrir otros locales deberá pagar nuevamente otro *fee* de ingreso al sistema.

Franquicia corner (*Corner franchise*)
Son franquicias cuyas características les permiten instalarse en un pequeño espacio dentro de otro negocio. Pueden o no ser complementarias de los servicios o productos que se comercializan en el establecimiento. Ejemplo: venta de artículos de perfumería en un negocio de *bijouterie*.

Ventajas y desventajas para los franquiciantes

Las ventajas para el franquiciante

- **Crecimiento más rápido.** El esfuerzo del franquiciante, sumado al de los franquiciados, permite un posicionamiento más rápido en el mercado. El mayor número de franquicias hace la empresa más atractiva para otros empresarios, generando un crecimiento que sería poco probable de otra manera.
- **Menor inversión.** Las inversiones para los nuevos locales son soportadas por los franquiciados. El franquiciante invierte solo en formación, capacitación, asesoramiento y control.
- **No hay relación laboral.** Esta relación entre franquiciante y franquiciado sin relación de dependencia es una ventaja muy importante frente a cualquier otra forma de crecer con personal propio. También la motivación es diferente, no nos olvidemos que está en juego el dinero del franquiciado.
- **Baja en los gastos de gestión.** Al tener más bocas de expendio, estas contribuyen notoriamente a que la incidencia en los gastos de gestión sea menor.
- **Otros ingresos.** Con el *fee* o canon inicial, más las regalías periódicas, se diversifican los ingresos.
- **Brinda mayores negocios para los productos y servicios.** A mayor cantidad de locales se optimizan las compras y su producción, logrando mejores precios y condiciones.

Las desventajas para el franquiciante

La mayoría de los inconvenientes suscitados se dan en la relación con sus franquiciados:

- **Anhelo de independencia del franquiciado.** Con el transcurso del tiempo, es común que los franquiciados pretendan separarse de la red, atribuyéndose el éxito de la operatoria y con la intención de ahorrarse los pagos al franquiciante. También existe el deseo de retirarse cuando la rentabilidad no es la esperada.
- **Riesgos de desprestigio de la marca.** El franquiciante corre con este riesgo por la mala operación de sus franquiciados.
- **Menor discrecionalidad.** Dicho fácilmente, no puede hacer lo que quiere, por lo menos tendrá que convencer a sus franquicias acerca de por qué adopta tal o cual postura frente a determinado hecho.
- **Menor capacidad de imposición.** Será más difícil imponer estrategias a los franquiciados en comparación con la gran facilidad para hacerlo en un sistema de locales propios. No olvidarse que el franquiciado es el dueño de su negocio y como tal tiene el derecho y la responsabilidad de gestionarlo, siempre que no transgreda las normas del sistema. Los empleados no plantean obstáculos al recibir la orden.
- **Dificultad para concretar otros sistemas de ventas.** En general los franquiciados exigirán que no se concreten otros sistemas de distribución de los productos o servicios propios del sistema.
- **Cuando se cobran regalías, las falsas declaraciones de ventas.** En sistemas donde las regalías se cobran en función a un porcentaje de las ventas, los franquiciados tienden a falsearlas para ahorrar dinero.

Creemos firmemente en las franquicias como sistema de expansión comercial, sobre todo cuando se ha aplicado bien. Ahora bien, el sistema puede ser bueno, pero no es mágico; no espere un milagro si no hay colaboración y entendimiento entre las partes. Cada uno debe, necesariamente, pensar en la otra parte; ambos deben ganar.

Requisitos para franquiciar

Quien desee franquiciar su negocio debe pensar que un programa de franquicias crea responsabilidades de y hacia otros. Al instrumentar el sistema, uno debería crear un clima tal en el que los riesgos inherentes de abrir un nuevo negocio hayan sido previamente examinados, probados y reducidos lo más posible.

Veamos ahora cuáles son los elementos esenciales de la ecuación.

¿Puedo franquiciar?

Producto original – Marca reconocida:

El franquiciante debe comercializar un producto original, ya sea en cuanto a sus características intrínsecas o a su forma de ofrecerlo a la venta.

El negocio debe distinguirse por:

a) Su nombre, marca y la imagen creada en la mente y el ojo del público.
b) El sistema y los métodos de operación.

Sin dicha distinción no habrá nada que lo haga destacarse de otros negocios similares, ni habrá nada que lo haga atractivo para un franquiciado.

Negocio rentable o exitoso

Debe tratarse de un negocio exitoso, ya que el franquiciado duplica "éxitos comerciales" y nunca fracasos.

El negocio debe generar suficiente dinero como para: a) pagar la mano de obra ocupada, b) lograr un retorno razonable del capital invertido y c) pagar al franquiciante por los servicios continuos que este brinda al franquiciado.

Know how transmisible o de fácil reproducción

La transferencia del *know how* es de importancia vital en un contrato de franquicia. Aunque tenemos idea del significado de este término originario de Estados Unidos, podría afirmar que es una habilidad técnica o conocimiento práctico de cómo lograr un objetivo específico, y en general todo conocimiento técnico que es secreto, de uso restringido y confidencial.

No nos olvidemos que el saber-hacer de un franquiciante es lo que debe transmitir. Me refiero a los valores, a la cultura y la forma de operar de una compañía.

También toda nueva idea y cambio de sistema debe ser capaz de ser enseñado y de mezclarse con el sistema y los métodos de negocios existentes.

Mercado en expansión

Uno no puede construir una franquicia sobre algo que está temporalmente de moda o meramente sobre una atracción y duración efímeras.

Requisito de unidades funcionando

La norma legal impone que para otorgar franquicias, el franquiciante debe contar con dos unidades y, por lo menos, con dos años de operación.

Mercado de las franquicias en Argentina

Mercado de las franquicias en Argentina	2017		PROYECCIÓN 2018	
	K	**%**	**K**	**%**
Redes de franquicias				
Mercado total	952	11	1.129	
Nuevas redes	94		100	10
Puntos de venta (PDV)				
PDV estimados	34.189		37.256	
Aperturas	2.303	7	2.500	7
Promedio de PDV x red	36		33	
Empleos del sector	209.605	3	220.000	6
Promedio personal x PDV	6,13		5,91	

Fuente: Estudio Canudas.

Ingresos de la franquicia

En términos generales, existen tres modos básicos o fuentes de ingresos; a saber:

A) El *fee* de ingreso.
B) Las regalías.
C) Los ingresos por venta de productos o servicios.

A) ***Fee* de ingreso.** Representa lo que se cobrará a los franquiciados por todos los servicios brindados inicialmente.

Es un concepto parecido al de "la llave del negocio", que le permite al franquiciado entrar en una cadena de éxito. Para el franquiciante es una cuota parte del recupero de las inversiones que ha venido realizando en pos de la implantación del sistema (conjunto de manuales y sistemas que en forma empaquetada constituyen la tecnología de la franquicia).

Existe una regla implícita de considerar como "honorario de ingreso" un 10 % del total de las inversiones iniciales. Pero no responde a una cuestión que tenga ninguna lógica.

B) **Regalías.** Representan el pago de los servicios continuos que brinda el franquiciante. En la mayoría de los casos, esos honorarios se calculan como un porcentaje sobre las utilidades del negocio franquiciado, y por una cuestión de simplificación del control se calcula como porcentaje de las ventas.

Generalmente es entre un 5 y 10 %. Lo que se busca es que el franquiciado se quede con el 75 % de las ganancias y su franquiciante con el 25 %.

Este porcentaje disminuye cuando el franquiciante tiene una franquicia de producto, o sea, cuando también le vende al franquiciado los productos a comercializar.

Hay quienes, en un mercado como el argentino, con niveles de evasión importantes, establecen las regalías en valores fijos o una combinación entre un valor fijo (generalmente un mínimo) y un porcentaje de la venta.

C) **Ingreso por ventas de productos o servicios.** A veces estos ingresos son la razón de ser de algunos franquiciantes, dado que consiguen puntos de ventas cautivos, de una lealtad total y absoluta. A veces, adquiere tal importancia, que se prescinde del cobro de *royalties*.

Otras posibles fuentes de ingresos

A) **Esponsorización.** Algunos franquiciantes pactan con proveedores o con otras empresas, una cantidad de dinero por el uso de publicidad en mesas, menús, sombrillas, uniformes, etcétera.

B) **Alquiler o subalquiler.** Hay franquiciantes que alquilan locales propios o subalquilan (previamente alquilados por ellos), a mayores importes a los franquiciados y obtienen así una importante fuente de ingreso. Por ejemplo, hay quienes dicen que el negocio de McDonald's en el mundo no es la venta de hamburguesas, sino que es un negocio inmobiliario. Eligen los lugares a ubicarse, con un minucioso estudio de mercado, rentan o compran la propiedad y luego se la alquilan a sus franquiciados, a un mayor valor. Generalmente lo rentan a un porcentaje de la venta, de esa forma recuperan su inversión mucho más rápido que cualquiera. Este procedimiento tiene una gran ventaja adicional, si el franquiciado no funciona, se quedan con el local y no echan a perder todo el dinero invertido en esa zona.

C) **Fondo de publicidad.** Con $2 000 destinados a la publicidad por parte de un franquiciado, se hace poca cosa. En cambio si cada franquiciado aporta al franquiciante esa suma de dinero, la campaña podría llegar a tener más efecto y se lograría un posicionamiento de la marca, con su correspondiente ganancia para los franquiciados, pero más aún para el franquiciante, que logra que su marca se siga valorizando.

D) **Otros.** Comisiones de proveedores, venta de servicios o mano de obra.

Qué logrará finalmente desarrollando un programa de franquicias. La franquicia es una estrategia que permite crecer

- Obtendrá rentabilidad ya que incrementará las vías de ingresos y reducirá los costos unitarios por volumen.
- Le permitirá acceder a economías de escala, de compra, descuentos, capacidad de negociación, etcétera.
- Consolidará su concepto de negocio y logrará un buen posicionamiento de su marca.
- Armará una cadena de cobertura geográfica extendida, que actuará como barrera de entrada a la competencia.

- Si distribuye productos, tendrá transacciones más rápidas y seguras.
- Obtendrá una constante fuente de ideas de parte de los franquiciados.
- Le permitirá externalizar la gestión de los locales no estratégicos, para concentrarse en lo importante.
- Le permitirá estar más cerca del cliente final.

Las veinte problemáticas comunes a las pymes

Una de mis conferencias más solicitadas es precisamente "Problemática pyme". En ella desarrollo cuáles son –a mi criterio– los problemas más comunes a los que todo empresario se enfrenta y detallo alternativas, de acuerdo a mi entender y experiencia, para intentar solucionarlos.

Suele ser común que al bajar del escenario o terminar mi curso, se acerquen varios de los asistentes, en su mayoría empresarios, y me digan: "Vos me conocés, describiste tal cual lo que me pasa!", y siempre les digo lo mismo: "Te voy a contar un secreto: ¡a todos les pasa lo mismo!".

Las problemáticas no varían de región a región o de país a país. Puede que cambie algún contexto macro, pero en general son básicamente las mismas.

Como ya hemos dicho, el mundo pyme es un ecosistema muy particular que se caracteriza por haber sido, en general, la evolución de un emprendimiento, una herencia familiar o el crecimiento de una profesión –que en muchos casos no contó con un plan de negocios y cuyos creadores nunca estudiaron ni una gota de algo relacionado con los negocios. Esto también se aplica a profesionales como arquitectos, médicos, abogados, entre tantos otros, que pueden ser muy buenos en su profesión, pero que a lo sumo tuvieron una o dos materias sobre gestión o algo relacionado con el mundo de los negocios, y hoy se encuentran al frente de un estudio o una clínica. También hemos aclarado que el mundo de las pymes es muy abarcativo, ya que va desde un kiosco de barrio hasta una empresa con 500 empleados. Puede producir, comercializar productos o prestar un servicio. Puede ser unipersonal o una sociedad. También puede ser familiar o una sociedad con muchos socios diferentes.

Es importante aclarar que no pondremos foco en la etapa emprendedora por varias razones. En principio porque, a nuestra manera de ver, el emprendedor aún no es un empresario, es un proyecto de empresa y de empresario. Aunque es cierto que existen empresarios emprendedores, o sea que, además de su empresa, llevan adelante otros emprendimientos.

No tiene que ver con ninguna crítica o problema con el mundo emprendedor, todo lo contrario. Simplemente que este libro intenta ser una guía y ayuda para aquellos que ya avanzaron y evolucionaron en su emprendimiento y ahora se enfrentan a otros problemas diferentes; ni mejores ni peores.

No obstante, bajo otra óptica, también podemos ver este capítulo como una anticipación o preparación para muchos de los que están por emprender o ya emprendieron, y de lo que vendrá; de lo complejo que se vuelve un negocio una vez que se pone en funcionamiento y, tal vez, ayudar a que se preparen mejor y evitar así lo traumática que suele ser la fase que queda entre el emprendimiento y la empresa.

Recordemos que de cada 10 nuevos emprendimientos, solo cinco superan el primer año de vida y solo dos o tres podrán superar los cinco años. Esta estadística no hace más que demostrar que, si bien es correcto fomentar el emprendimiento, es igual de importante, o incluso más, fomentar las habilidades empresarias para así mejorar esta estadística.

A aquellos que viven buscando la fórmula del éxito, debo desilusionarlos al afirmar que no existe tal fórmula. Tampoco es nuestro objetivo encontrarla.

Cada empresa, cada país, cada rubro, tiene sus reglas y particularidades. No obstante, las situaciones cotidianas a las que se enfrentan suelen tener una cercana correlación.

Este extenso capítulo busca e intenta ser una fuente de reflexión y, por qué no, una motivación para atacar aquellos puntos que impiden disfrutar más del día a día empresario.

Entender las problemáticas ayuda a prevenirlas, o si ya es tarde y hoy toca sufrirlas, a empezar a resolverlas.

1. El gerendete

Hace unos años, recuerdo una reunión de consultoría donde los hijos criticaban al padre, con bastante vehemencia, porque siempre quería estar en todo, se metía en todo y siempre se las ingeniaba para encontrar hasta el más mínimo error en el trabajo ajeno.

En medio de esa acalorada discusión, uno de los hijos le dice al padre:

—¿Sabés que sos vos? Sos un "gerendete".

El padre, al escuchar esto, comenzó a reírse a carcajadas ayudándonos a todos a liberar la enorme tensión que había en el ambiente. El hijo retrucó:

—¡Y sí, papá! ¡Sos una mezcla de gerente y cadete!

De ahí en más siempre utilizo este término ya que es uno de los ejemplos más claros para describir al gerente de una pyme. En una misma mañana puede tomar una decisión trascendental para el negocio y al mismo tiempo subirse al auto y dirigirse a la librería a comprar dos resmas de papel A4.

También son típicos detallistas y especialistas en encontrar el más mínimo error en el trabajo de los demás. Ellos también se equivocan, pero sienten que marcar el error ajeno es la mejor forma de demostrar control y poder. Y muchas veces no se dan cuenta de que lo único que genera esa actitud es la pérdida de la confianza en sí mismo de las demás personas y la sensación de que, hagan lo que hagan, siempre les dirán que algo está mal.

El mundo de la pequeña y mediana empresa es sumamente emocional. Muy pocas cosas se pueden explicar desde la razón o la objetividad. Nos llenamos de discusiones que por lo general tratan sobre distintos criterios para resolver el mismo problema. Decimos mucho "Fulano no sirve para nada" o "Mengano no rinde". Pero, ¿realmente contamos con la información para respaldar estas hipótesis, o son simples sensaciones?

Siempre recordamos a nuestros clientes que, para que las personas se desarrollen y ganen confianza, es necesario dejarlas solas y que enfrenten ellas mismas la realidad, sin la mirada del jefe sobre sus hombros. Que se equivoquen, que decidan bien o mal, pero que decidan.

Más de una vez obligamos al director de la pyme a irse de la empresa, que se tome dos días por lo menos. Que no llame a la empresa y que de paso despeje su cabeza. Para ser sinceros, no es nada simple, pero usando esta estrategia casi siempre hemos tenido casos de éxito. Lo primero que el empresario encuentra a su regreso es que la empresa sigue ahí, todo está más o menos igual.

Una gran cuestión a tener en cuenta consiste en aprender a distinguir hasta dónde es valioso entrar en detalles y ser obsesivo, y cuándo es momento de hacer un poquito la vista gorda, priorizando el avanzar. Es típico que los pymes se metan en el detalle; y por lo general son fanáticos de inventar procesos. Lo primero es analizar e investigar si ya alguien inventó algo similar que podamos usar y no perder tiempo en inventar uno nuevo. Luego analizar y cuantificar el tiempo invertido en procesos y hacerse las preguntas: ¿Realmente es importante este proceso? ¿Para qué lo quiero? ¿Suma valor a la gestión? ¿O simplemente es para sentir que todo está bajo control?

En mi experiencia, he visto dos tipos de perfiles gerenciales. A uno lo llamaré el "ingeniero obsesivo"; las personas con este perfil se caracterizan por dedicarle mucho tiempo a revisar, planificar y ordenar procesos y actividades. Es complicado decirles a las personas con estas características que está mal o que no siempre sirve, ya que sus argumentos son válidos. Justifican su accionar afirmando que las cosas que no son planificadas y que no cuentan con procesos claros salen mal, lo cual es verdad. Suelen ser personas que pueden tener un mail abierto durante meses con el objetivo de analizarlo a fondo o para dar una respuesta precisa. Es común que tengan temas abiertos durante un largo plazo y que con cierta recurrencia vuelvan a tratar un tema que ya parecía agotado. Las personas a su alrededor reconocen su talento encontrando errores y desarrollando modelos. Pero también es posible que sientan muchas frustraciones por no llegar a aplicarlos jamás, ya que nunca están como ellos quieren. Con el tiempo sus colaboradores ven estos perfiles como obsesivos y les pierden el respeto.

Por otro lado está el "emprendedor atolondrado". Los que responden a este perfil priorizan más que nada el avanzar, les gusta tomar decisiones rápidas y asumen riesgos. Se equivocan más y corren el riesgo de ser catalogados como improvisados, lo cual es bastante cierto. Suelen tener mucha claridad en sus ideas, pero les cuesta mucho transmitirlas con claridad. El equipo reconoce en ellos esa visión emprendedora que supo cosechar algunos éxitos; pero también ven su falta de método y dificultad para saber claramente qué hacer en las operaciones. Su intuición es el arma más poderosa y en cuanto tal es difícil de transmitir.

Como todo en la vida, el equilibrio suele ser la clave. Las organizaciones lideradas por el primer perfil suelen ser empresas muy conservadoras, aburridas, llenas de procesos que nadie cumple y proyectos eternamente en cartera.

Si los que dominan son los atolondrados, son empresas en cambio permanente, en las cuales es difícil saber dónde están parados. Asumen muchos riesgos que pueden poner en peligro la operación de la empresa, y se vive con la sensación de que en algún momento llegará ese gran éxito, pero con el riesgo de quedarse en una búsqueda eterna.

No puedo decir que uno es mejor que otro, pero sí puedo decirles que en mis años de consultor he visto que las empresas que mejor funcionan son las que pueden combinar estos dos perfiles. Obviamente que no se llevan bien todo el tiempo, pero si son inteligentes aprenderán a apreciar las diferencias y convertirlas en su fortaleza. Es como un piloto de Fórmula Uno: si es muy arriesgado, puede morir en el intento o fundir el coche por exigirlo más de lo que da; pero si es muy conservador nunca arriesgará lo que es necesario para sobrepasar al adversario en el momento justo y será un eterno buen corredor, pero que nunca gana.

Entonces, ¿cómo se puede superar el síndrome del gerendete? La clave una vez más consiste en saber que para que las personas crezcan es fundamental que se los pruebe y que ejerzan con responsabilidad sus tareas. Esto no implica que cada uno haga lo que quiera, sino que cada uno tenga el poder de decidir lo que considera mejor, y si sale mal, corregirlo dentro de los límites obvios que requiere una empresa. En tal caso, si sale muy mal, al menos sirvió para validar que esa persona no servía para el puesto en el que estaba. Pero si sale bien, tal vez descubran un gran gerente que poco a poco le aliviará el día a día. Es importante aclarar que para delegar es fundamental conocer bien las tareas de cada puesto y delegar en base a eso. Que cada persona sepa con claridad cuál es su puesto, cuáles son sus tareas, a quién responde y quiénes responden a él, con qué poder cuenta y cómo será evaluado en sus funciones. Si esto no está bien definido, el riesgo de fracaso aumenta considerablemente.

2. Nadie hace las cosas como yo

Esta anécdota que contaré a continuación es un claro ejemplo de una típica situación pyme.

Como en muchas otras oportunidades, un día recibí un pedido de entrevista de una empresa. Cuando le pregunté a mi asistente sobre qué tipo de empresa era, alcanzó con que solo me diera el nombre para saber que se trataba de una empresa importante; esas que se conocen por lo que hacen y no tanto por cómo lo hacen.

Como siempre, llegué un poco antes a la entrevista –en realidad siempre lo hago para poder tener una primera impresión del ambiente, el lugar y demás aspectos que me gusta explorar.

Desde el principio me llamó la atención que la recepción de la oficina del dueño fuera antigua, pero más que antigua, tenía un aspecto de dejadez. El aire se cortaba con un cuchillo. La secretaria o asistente tenía aproximadamente 60 años y yo apostaba todo a que hacía por lo menos 30 años que trabajaba en ese mismo escritorio atiborrado de papeles.

Como era de esperar, al llegar el horario acordado no fui atendido y tuve que esperar 30 minutos más, sin que nadie siquiera me pidiera disculpas o me diera explicación alguna. Como si mi tiempo no fuera importante.

Finalmente llegó el momento y entré a la oficina. El dueño me esperaba en su escritorio –de no menos años que los que estimé trabajaba en la empresa esa secretaria de la entrada.

Lo primero que hizo este señor fue ofrecerme un café, el cual acepté. Aprendí que siempre hay que aceptar el primer ofrecimiento en una reunión, algo que genera empatía.

Ante mi afirmación el señor pegó un grito, y gritó:

— ¡MAAARTAA!

Ahí descubrí el nombre de la secretaria.

Marta entró con una muy interesante cara de susto.

—Marta —exclamó él—, el señor quiere un café.

Ella me preguntó si solo café o cortado.

Respondí que café solo estaba bien.

Ella le preguntó a su jefe:

—¿Usted como siempre? —a lo que respondió con un leve movimiento de la cabeza, sin mirarla.

A los pocos minutos volvió Marta con los dos cafés y un platito con algunas galletitas. Nos sirvió y antes de que se retirase, él me mira a los ojos y me hace un gesto como anticipando algo que estaba por suceder.

—Marta… —dijo—, decime una cosita: ¿dónde compraste el café?

A lo cual Marta repreguntó:

—¿Que dónde compré el café?

—Sí Marta, ¿dónde compraste el café?

Y agregó:

—¿Es tan difícil la pregunta? —y volvió a mirarme buscando una complicidad que no fue correspondida.

La cara de desconcierto de Marta era increíble. Él vuelve a preguntar:

—¿Dónde compraste el café?

A lo que Marta respondió:

—Lo compré acá a la vuelta, en el almacén.

—Jaaa —rió irónicamente el empresario, y mirándome a los ojos me dice:

—¿Te das cuenta?

—La verdad que no —le respondí—. ¿Qué pasó?

—¡Andá Marta, gracias! —indicó este no muy amable señor, acompañando con un gesto de la mano marcando la puerta, y así se retiró Marta de la escena con cara de ¿Qué hice ahora?

—Disculpe —le dije—, pero no comprendo nada. ¿Qué pasó? ¿Qué hizo Marta?

—Muy simple —respondió—. Es que acá a dos cuadras hay un supermercado y ese café que compró ¡vale por lo menos la mitad que en el almacén! ¡Nadie hace las cosas como yo! ¡Y nadie cuida mi guita!

Me tomé unos segundos; un poco para procesar la situación y otro tanto para elaborar la respuesta.

—Estimado, ¿usted me quiere decir que hizo todo este montaje por unos pocos pesos de diferencia en la compra de un café? ¿No se da cuenta de que todo el tiempo que perdió reprendiendo a su pobre secretaria le salió más caro -entre mis honorarios y su tiempo-, y que se lo podría haber ahorrado?

Con claro disgusto en su cara me replicó:

—¿Sabés qué pasa, pibe?

—No —le respondí.

—Que cuando ellos cometen un error, yo pierdo plata; pero cuando la empresa pierde plata un mes, nadie les descuenta de su sueldo.

—¡Ahh! —exclamé.

—Ahora te hago una pregunta yo: ¿y cuando vos ganás?, ¿y cuando ganás por algo que ellos generan?

La verdad es que esta empresa había logrado ser importante, o al menos sobrevivir con relativo éxito; por lo que claramente algún mérito existía. Pero, tal como dijimos en el capítulo "El antimanagement", esto no significa que las cosas estén bien. Al menos desde una óptica que no sea solamente resultadista.

Esta situación –que más adelante les contaré cómo terminó–, fue la que me llevó al título de este capítulo "Nadie hace las cosas como yo". Como siempre digo, eso es cierto; nadie hace las cosas como vos. Claro que esto no significa directamente que sea algo malo o bueno. Tal vez puedan hacerlas peor o quizá mejor. La pregunta importante es: ¿querés crecer? Si la respuesta es sí, entonces vas a tener que aprender a convivir con que otros hagan las cosas y que seguramente no las harán como vos.

El modelo RACI-SET, que veremos más adelante, se basa en dos pilares fundamentales, necesarios para poder construir una estructura y delegar responsabilidades.

El primero es que siempre que delegamos algo, estamos trasladando responsabilidades, por lo cual estas deben ser claras y precisas. Qué quiero de los demás, qué pretendo y ser lo más específico posible.

Lo segundo, es vital dotar de poder a la persona en quien se delega, sin el cual jamás podrá ejercer su responsabilidad.

Otro típico caso de las pymes se da cuando el jefe finalmente logra tomar la decisión de delegar. Imaginemos el siguiente ejemplo.

Luis, el dueño de la empresa, decide contratar a un contador para hacer de jefe de la administración. Tarea que hasta ahora, él venía ejerciendo parcialmente.

Finalmente contrata a Carlos, quien cuenta con mucha experiencia. Carlos rápidamente exige tener claridad sobre su responsabilidad y el alcance de sus acciones, lo que Luis hace con gusto.

Luis le asegura a Carlos que no intervendrá en sus decisiones, o que al menos lo intentará.

Resulta que al mes, Carlos decide echar, ni más ni menos que a Mirta. Mirta hacía no menos de 15 años que trabajaba en la empresa.

Mirta se siente desconsolada frente a la actitud de Carlos, al igual que todo el equipo de la administración, que jamás había sufrido una baja por despido en su equipo.

Mirta acude a Luis, dueño de la empresa, y este accede a atenderla.

Luego de escucharla le pide que se tranquilice y llama a Carlos para pedirle explicaciones.

El jefe de administración le dice que no la quiere en su equipo por su mal desempeño y por eso tomó esa decisión, que considera final. Al día siguiente Carlos llega a la empresa y ¿adivinen quién estaba sentada en su escritorio? Ni más ni menos que la querida Mirta.

Pregunto: ¿puede Carlos, luego de este gesto, ejercer su responsabilidad? ¿Qué pasó con su poder? ¿Qué capacidad de liderazgo tendrá sobre su equipo?

Créanme queridos lectores, delegar no es cosa simple y requiere de mucha disciplina y planificación. No lo hagan si no están listos, y si lo hacen, sepan que pueden fallar, pero que deben perseverar. Den más de una oportunidad sin dejar de ser prudentes y objetivos. Sean claros en lo que pidan y deleguen, y siempre entiendan que también deben delegar poder.

Ahora bien –para motivarlos un poco–, sepan que si logran este objetivo, sentirán una gran satisfacción al ver que no todo depende de ustedes.

Por último, les hago una pregunta: ¿quién gana más dinero: una empresa grande o una pequeña? ¿Lo pensaron? Si dijeron la grande, están equivocados. Las pequeñas ganan más dinero en términos relativos. Esto se debe a que las tareas están más concentradas y, por lo general, pocos hacen el trabajo de muchos. Por lo contrario, en las empresas grandes siempre parece haber gente para todo y esto es cierto. No obstante, no se equivoquen, esto que podría parecer una fortaleza, es en general una debilidad, porque con el tiempo esa sobreexigencia y carga de tareas se traducen en una mayor dependencia de los dueños y en un desgaste de los recursos.

Como siempre, el equilibrio es la clave. Intenten armar estructura, esto les costará unos pesos, pero si sale bien tendrán más libertad para pensar y sus colaboradores estarán más relajados y muchas veces serán más eficientes que antes.

3. Mi empresa, mi hijo, mi gran amor

Quién no ha escuchado a un empresario pyme hablar de su empresa como si fuera un hijo o su gran amor. Es más, muchos no solo lo dicen, sino que lo demuestran en los hechos; en muchos casos como si fueran sus hijos predilectos.

¿Está mal querer sus emprendimientos ahora transformados en empresas? Por supuesto que no, ¿cómo podría estar mal? Además sería casi imposible hacer tanto esfuerzo por algo que no queremos.

Pero encuentro una gran diferencia entre querer mucho algo a amarlo como a un hijo. ¿Por qué? Porque una empresa no es un hijo, es eso, una empresa. Uno por los hijos no mide, daría todo lo que tiene con tal de salvarlos. Pero, ¿por una empresa también?

Parafraseo a un profesor que decía: "No hay mejor negocio para un mal negocio, que cerrarlo".

La objetivad los puede salvar de la quiebra. Saber decir hasta aquí llegué, les da la posibilidad de reinventarse y de tener una segunda oportunidad.

En mis años de consultor he visto no pocos casos de empresarios que perdieron todo intentando salvar un modelo de negocios que no tenía salvación. Pocos logran reponerse para volver a intentarlo.

No confundan ser fríos en la toma de decisiones con ser insensibles o malos administradores. La frialdad es una de las virtudes de cualquier empresario.

A mi entender, se debe analizar la empresa con tres lentes, a saber:

- **Ser realistas.** "El amor no entiende de razones" sostiene una vieja frase popular. Ser realista es precisamente tener la capacidad de ver a sus empresas como algo separado de sus sentimientos. Les permitirá tomar decisiones con una base sólida y justa.

  Les aconsejo en este punto que recurran a agentes externos a su organización que puedan ayudarlos a tomar distancia del día a día, y los ayuden a ver con claridad esa realidad que muchas veces no parece ser tan clara.

- **Ser objetivos.** Las relaciones humanas viven siempre entre dos mundos. Por un lado vivimos analizando la realidad de manera subjetiva, sin más bases que nuestra percepción del mundo. Por otro lado tenemos la objetividad, que nos muestra la realidad tal cual es, blanca o negra. La subjetividad se basa en criterios, los cuales pueden ser contrapuestos en diferentes personas, pero no por ello estar mal; son solo eso, criterios diferentes sobre cómo atacar un mismo problema. Pero el mundo de los negocios es diferente, en muchos aspectos, del de las relaciones humanas, y si bien puede convivir con subjetividades, no es lo más recomendable. Lo ideal es poder analizar las distintas situaciones sobre bases objetivas que nos permitan verlas con más claridad y de este modo facilitar las decisiones. También nos permitirá definir políticas que todos deberán cumplir –pueden modificarse, pero mientras estén vigentes hay que cumplirlas. Algo así como las leyes de un país. ¿Se imaginan un país regido solo por el criterio de las personas y en ausencia total de leyes?

- **Ser humildes y abiertos.** La humildad es la que les permitirá ver los problemas y así poder estar abiertos a que otros les muestren la realidad o un camino diferente para solucionarlos. También la humildad los mostrará ante los demás como realmente somos todos, vulnerables y con defectos. La soberbia no ayuda al empresario y muchas veces es la venda que no le permite ver los problemas a tiempo. Como decía mi abuelo: "Una cosa es una cosa y otra cosa es otra cosa". Sepan separar las emociones de las decisiones, o mejor dicho, tomen decisiones no solo basados en las emociones o sentimientos y sí con más racionalidad.

4. Cuanto más crezco, peor estoy

Una de las problemáticas empresariales que más llama la atención a los participantes de mis cursos es precisamente la que dice: "Cuanto más crezco, peor estoy". Pero esto se debe a que, cuando uno toma decisiones de crecimiento, también aumenta la complejidad de la gestión.

Supongamos que están aprendiendo a conducir un automóvil. Al principio manejan despacio, cometen muchos errores que corrigen con rapidez y posiblemente consultan a su instructor sobre las dudas que pudieran tener. Luego de un tiempo ya tienen cierta práctica y seguramente la confianza les permite asumir algunos riesgos; el más importante sin duda es la velocidad.

Sin embargo, hay una variable que quizás no tomen en cuenta: aún no son profesionales y les falta mucho por aprender y entender. No obstante, su confianza los lleva a tomar más riesgos y subestimar la necesidad de seguir aprendiendo. Es así que cada vez manejan más rápido, tanto, que muchos indicadores empiezan a ser difíciles de leer. Pero, ¿qué está pasando realmente con sus autos y el entorno? De lo que no se dan cuenta es de que cuanto más rápido se va, más cosas se modifican. Desde el rendimiento de seguridad del automóvil, hasta el entorno por donde transita. A esto hay que sumar que un error en este momento, a 200 km/h, seguramente será fatal.

Utilicé este mismo ejemplo un día con un cliente que, en solo dos años, había pasado de tener una sucursal a tener tres y ya planificaba la apertura de dos más. Para colmo, este negocio era algo nuevo para él. Pero, al igual que con el auto, se tenía mucha confianza y dejó de medir los riesgos de ir a semejante velocidad.

Para explicarle mi argumento se me ocurrió dibujar una escalera, y le dije: "Las empresas no deben crecer permanentemente a tasas muy altas. Lo ideal es que crezcan y cada tanto se detengan para analizar qué les ocurre; que transiten por un rato en un escalón; analicen si deben respetar lo que querían; si los indicadores de riesgo críticos están estables; que hagan un plan de negocios y proyecten a futuro cómo volver a crecer, y recién subir otro escalón. De esta forma disminuiremos el riesgo de crecer y estar peor a la vez".

La mayoría de las veces la decisión de parar no es nuestra, sino que es impuesta por el mercado. Por ejemplo, una crisis que nos obliga a detenernos a pensar. No recomiendo esperar a que esto suceda; más bien sean ustedes los que tomen esa difícil, pero inteligente decisión. Hace poco tuve la posibilidad de sentarme por un rato en la cabina de un avión. Una de las cosas que más me llamó la atención fue la gran cantidad de relojes que había. Al preguntarle al piloto cómo hacían para pilotear algo tan grande –y para mí tan difícil–, me respondió: "Un avión de estas características solo es posible pilotearlo gracias a muchos indicadores y el apoyo de una potente computadora central; la gran parte del viaje nosotros solo revisamos indicadores, alarmas y señales que la computadora nos da. Claro que no todos los indicadores son igual de importantes; no es lo mismo el combustible, la altura o la velocidad que la temperatura de la cabina".

Esto que el piloto me dijo, me hizo pensar en que todo eso no es muy distinto de lo que sucede en las empresas. Una empresa debería tener muchos relojes e indicadores que le permitan, no solo medir la evolución de su negocio (viaje), sino también anticiparse a decisiones futuras.

Es común escuchar a los empresarios hablar de riesgo. Pero muchos, en realidad, están hablando de incertidumbre, ya que el riesgo es algo que puede ser medido y anticipado. Cuando medimos, cuando usamos los indicadores, podríamos decir que estamos más cerca de la incertidumbre y más lejos del riesgo.

En resumen, ser empresario requiere hacerse preguntas todo el tiempo, como: ¿cuántos relojes (indicadores) tiene tu cabina? ¿Ya decidiste cómo querés crecer? ¿Cuándo fue la última vez que paraste para pensar tu negocio? ¿Cuál es la velocidad ideal de crecimiento de tu negocio? ¿Conocés la complejidad de tu organización y en caso de ser necesario, contás con posibilidades de incrementarla?

No se preocupen si no pueden responder estas preguntas; hacérselas, al menos, es un avance...

5. No sé si gano o pierdo con mi negocio

Seguramente una de las preguntas más fáciles de responder es:

—¿Para qué querés tener un negocio?

—Para ganar dinero, vivir de lo propio, no depender de otros, y también –estaría bien–, para ser feliz.

Por increíble que parezca, según una encuesta interna de nuestra consultora, nueve de cada diez empresarios a los que preguntamos "¿Saben exactamente si están ganando dinero?", nos responden que no saben exactamente cuánto, o lo que es peor aún, ni siquiera saben si están ganando.

En algunas ocasiones nos hemos enfrentado a situaciones muy graciosas, por llamarlo de alguna manera, en las que por ejemplo un empresario nos preguntó: "¡¿Dónde está mi dinero?!"; o el tan famoso "¿Cómo puede ser que cuando yo empecé hace unos años veía mi dinero, y ahora casi no tengo plata para pagar mis cuentas?".

Como ya hemos dicho en otros apartados de este libro, los números son el corazón de la empresa y, así como en la vida, si ese corazón tiene problemas, será muy difícil poder disfrutar de la vida en plenitud. La primera reflexión y fundamental para avanzar es preguntarse si realmente les interesa saber si ganan dinero. Resulta raro, pero hay empresarios a los cuales parece no importarles o simplemente ocupa un segundo plano.

La respuesta debería ser sí, sin que esto se transforme en una obsesión o que rija todo lo que se hace en su negocio. Pero sí es necesario dominar la información en torno a los números, ya que sin ella podríamos estar tomando muy malas decisiones que afectarán el futuro.

Tampoco quiero caer en que todo es dinero o que es lo único importante; de hecho, con seguridad les diría que no lo es, ya que por más que conozcan los números, esto no les garantizará el éxito a futuro, solo les dirá si están haciendo bien las cosas en términos económicos, y solo eso. Ahora, ¿qué tienen que hacer hoy para mejorar su negocio? Ese es otro tema.

Entonces ¿cómo se hace para realmente dominar los números? Desde el comienzo del libro les vengo hablando del modelo PEF (Patrimonial, Económico y Financiero). Este fue diseñado en conjunto por los consultores de SET como respuesta a la necesidad de encontrar un modelo que ayudara a sintetizar la información importante para la toma de decisiones y dominio de los números. Este modelo es sin dudas una de las partes centrales en nuestro proceso de consultoría y suele ser por donde siempre damos comienzo a las mismas. ¿Por qué? Porque si no dominamos los números, podemos hacerles tomar decisiones que pueden ser catastróficas para sus negocios. Como dice una frase muy conocida que escuché por primera vez a Manuel Sbdar de Materia Biz y que me pareció esclarecedora por donde se la mire: "Lo que no se puede medir, no se puede gestionar".

Bajo nuestra óptica los números deben ser analizados desde tres ángulos; ninguno es más importante que otro y todos deben ser controlados para estar en equilibrio. O dicho de otra manera, flaquear en alguno de los tres puede traer complicaciones. Voy a explicar de manera breve el ángulo con que deben enfocarse en sus finanzas.

La primera letra del modelo, la P, hace referencia a la óptica patrimonial. Cuando hablamos de lo patrimonial estoy intentando saber cuánto vale mi empresa y cómo se compone mi activo y pasivo, tanto a corto como a largo plazo.

Repasemos un poco más en profundidad los componentes del ESP (estado de situación patrimonial) o Balance general.

Activo: en contabilidad se denomina así al total de recursos de que dispone la empresa para llevar a cabo sus operaciones; representa todos los bienes y derechos que son propiedad del negocio y elementos patrimoniales que signifiquen bienes y derechos de cobro de la empresa. Se distinguen dos tipos de activos:

1. **Activo corriente:** elementos que se espera vender, consumir o realizar a lo largo de un ejercicio económico, como la cantidad de dinero en caja, las facturas pendientes de cobro, etc. A su vez se divide en:
   a) **Disponible**: efectivo, como el dinero depositado en las cajas de la empresa, las cuentas bancarias a su nombre, etcétera.
   b) **Realizable:** bienes capaces de ser convertidos en disponibilidades mediante un proceso distinto del que constituye el objeto de la empresa. Podrían ser acciones de otras empresas o derechos de cobro, como facturas por venta de algún producto, efectos comerciales a cobrar, etcétera.
   c) **Existencias:** elementos o bienes que, siendo el objeto-actividad de la empresa, se necesitan para generar disponibilidades, como productos terminados, mercaderías de almacén, etcétera.

2. **Activo no corriente o inmovilizado:** elementos que por su uso permanecen en la empresa a lo largo de varios ejercicios, como mobiliario, construcciones, computadoras, maquinaria, herramientas, etc. Se subdivide en:
   a) **Material:** elementos como locales, mobiliario, medios de transporte, computadoras, etcétera.
   b) **Intangible:** elementos como software, patentes, registros de marca, etcétera.

Pasivo: en contabilidad se denomina así al total de deudas y obligaciones contraídas por la empresa, o cargo del negocio. Elementos patrimoniales que signifiquen obligaciones o deudas de la empresa. Dentro del pasivo se pueden diferenciar:

1. **Pasivo exigible:** son los recursos ajenos a la empresa, o las deudas y las obligaciones con el exterior; como por ejemplo, un préstamo concedido por un banco. Se divide a su vez en:
   a) **Corriente:** obligaciones de la empresa a corto plazo (hasta un año).
   b) **No corriente:** obligaciones de la empresa a largo plazo (más de un año).
2. **Pasivo no exigible:** recursos propios de la empresa, o deudas y obligaciones internas; como, por ejemplo, el capital aportado por el propietario y los beneficios no distribuidos. Se subdivide en:
   a) **Capital:** patrimonio del empresario individual o aportaciones realizadas a la empresa por los socios que la constituyen (Capital o Capital Social).
   b) **Reservas:** beneficios de la empresa no distribuidos entre sus propietarios que constituyen un fondo económico hasta su reparto posterior.

Este enfoque es ideal imaginarlo como una foto que podemos sacar cada tanto. No es algo que se pueda medir a diario, ni tampoco sería útil. Resumiré en pocas líneas los beneficios del ESP.

- **Saber dónde está mi dinero.** Seguramente recuerdan que les conté que los empresarios suelen preguntar "¿Dónde está mi dinero?". Por lo general esto se debe a que tomamos muchas decisiones a diario sobre movimientos de dinero como: compra de bienes, inversiones, incremento de stock, retiros de capital, etc. Pero con el tiempo nos olvidamos o perdemos la posibilidad de darle un seguimiento adecuado. Por ejemplo: imagine que usted hizo un ESP hace un año y en ese momento su stock era de 1.000 pesos y tenía otros 1.000 pesos en efectivo. Al año, siente que algo anda mal porque no cuenta con efectivo para afrontar las cuentas corrientes de la empresa o para realizar retiros; si no cuenta con la información puede intranquilizarse y llegar a pensar que está perdiendo dinero. Ahora bien, puede recurrir al ESP y ver si encuentra allí alguna explicación para el tema que le preocupa. Al realizar el nuevo ESP nota que efectivamente el dinero en efectivo ha disminuido, pero ve al mismo tiempo que el stock pasó de 1.000 a 1.900; o sea que el dinero está, solo que está inmovilizado en el stock. Seguramente esto lo tranquilizará y podrá, por ejemplo, tomar una medida como bajar el stock para lograr más liquidez; pero esta decisión no está basada en la intuición, sino en la información.
- **Corriente y no corriente.** Como les expliqué anteriormente, debemos dividir los activos y pasivos en corrientes y no corrientes. Como norma general se toma como corriente un ejercicio anual; no obstante, esto no tiene que ser necesariamente así y muchas veces es conveniente hacerlo cada seis meses; esto con el fin de tener más claro el estado financiero de la empresa. El principal objetivo de dividirlo de esta forma consiste en tener un indicador de orden financiero, ya que si, por ejemplo, el activo corriente es menor al pasivo corriente, claramente tenemos riesgo financiero

–entendiendo al mismo como la imposibilidad de afrontar obligaciones por no contar con liquidez. Esto no significa que estén en quiebra, sino que por alguna razón asumieron compromisos de corto plazo mayores a la capacidad de generar ingresos.

Como bien explicamos, estas son fotos que se toman cada tanto, y nos sirven para ver que no estemos tomando malas decisiones, que en el día a día son fáciles de tomar, pero que deben ser analizadas de manera más integral y poder así asumir un riesgo mayor.

Imaginemos el siguiente ejemplo: ustedes cuentan con un AC de $1.000 y un PC de $ 800. En este escenario ustedes no deberían tener problemas financieros, ya que se financian con AC. Ahora deciden convertir un activo de corto plazo en largo para, por ejemplo, comprar máquinas nuevas. El AC baja a 500 y el PC sigue en 800; ahora sí tienen riesgos financieros. La decisión tal vez fue motivada por una oportunidad de precio o por una necesidad real de la empresa, pero al no tener en cuenta el ESP termina complicando las finanzas de la empresa. ¿Qué podrían haber hecho mejor? Una alternativa para no afectar el AC y el PC sería sacar un crédito a mediano plazo y de esta forma el PC solo se vería afectado parcialmente y el resto del crédito quedaría en el pasivo no corriente.

Por más obvio que parezca, créanme que en el día a día se toman cientos de decisiones que afectan nuestra estructura financiera y que no son fáciles de identificar. La idea es poder anticiparse, o al menos saber a qué nos enfrentamos.

- **Saber cuánto vale mi empresa.** Podríamos decir que su empresa vale –a valor de liquidación– todos sus activos menos sus pasivos. De esta forma, si tenemos bien la información patrimonial, obtendremos un número que nos dirá aproximadamente, cuánto vale el negocio que administramos. Es importante aclarar que es un ejercicio que solo tiene como fin llegar a ese número, lo que no significa que su empresa realmente valga eso –ya que si su empresa es exitosa, tiene una marca valiosa, etc., seguramente valdrá más– pero a los fines del ejercicio y como punto de partida, asumiremos este escenario. Si ustedes piensan vender su empresa, el análisis es otro.

Imaginemos este ejemplo: el total de sus activos es de 10 millones y el de sus pasivos es de cinco millones; la resultante en este caso es de cinco millones. O sea, su empresa vale, bajo los parámetros explicados, cinco millones. Este número puede ser revelador, más aún cuando muchas empresas nunca hicieron este ejercicio. Independientemente del impacto que tenga en usted el conocer este valor, ahora lo que tiene es un objetivo económico concreto. ¿Por qué? Porque si su empresa vale 5 millones, ¡en un año necesitamos que ese valor crezca! ¿Cuánto? A mí me gusta el modelo basado en buscar tasas libres de riesgo como un plazo fijo o bonos del tesoro; por ejemplo: si la tasa libre de riesgo es del 10 %, le sumamos 5 % más por riesgos empresarios y nos queda pensar si vale la pena seguir abiertos o vender todo y ponerlo en un plazo fijo, lo cual es en principio bastante menos riesgoso. Es cierto también que en países como Argentina no siempre se pueden hacer estos análisis tan fríamente, ya que muchas veces las tasas de interés son tan altas que hacen inviables cualquier empresa. No obstante, el poder medir y tener una base sobre la cual volver cuando sea necesario, y ver si se ganó o no, es un gran avance. En SET siempre recomendamos partir de un ESP –que llamamos momento cero– y realizar cada seis meses actualizaciones para ver el avance del negocio en términos económicos y poder hacer correcciones a tiempo.

- **Capital de trabajo.** Se define como capital de trabajo a la capacidad de una empresa para llevar a cabo sus actividades con normalidad en el corto plazo. Este puede ser calculado como los activos que sobran con relación a los pasivos de corto plazo.

Este concepto es uno de los más valiosos para la gestión de cualquier organización y su mal manejo o desconocimiento es una de las principales causas de problemas financieros en las pymes. Como dijimos en otro capítulo, una de las principales causas de muerte de las empresas es el crecimiento; también dijimos que por lo general los primeros problemas se suelen evidenciar en la parte financiera y lo que provoca esto es, en la mayoría de los casos, crecer más rápido que lo que el capital de trabajo permite. Los invito a profundizar un poco más en el tema para que empiecen a tenerlo en cuenta dentro de sus análisis.

El capital de trabajo resulta útil para establecer el equilibrio patrimonial de cada organización empresarial. Se trata de una herramienta fundamental a la hora de realizar un análisis interno de la firma, ya que evidencia un vínculo muy estrecho con las operaciones diarias que se realizan en ella.

En concreto, podemos establecer que todo capital de trabajo se sustenta o conforma a partir de la unión de varios elementos fundamentales. Entre estos –los que le otorgan sentido y forma–, se encuentran los valores negociables, el inventario, el efectivo y finalmente lo que se da en llamar cuentas por cobrar.

Asimismo es importante resaltar el hecho de que la principal fuente del capital de trabajo son las ventas que se realizan a los clientes. Mientras, podemos determinar que el uso fundamental que se le da a ese mencionado capital es el de hacer frente a los desembolsos correspondientes al costo de las mercancías que se han vendido y también a los distintos gastos que traen consigo las operaciones que se hayan concretado.

No obstante están también, entre otros usos, la reducción de deuda, la compra de activos no corrientes o la recompra de acciones de capital en circulación.

Cuando el activo corriente supera al pasivo corriente, se está frente a un capital de trabajo positivo. Esto quiere decir que la empresa posee más activos líquidos que deudas con vencimiento en el plazo inmediato.

Por el contrario, el capital de trabajo negativo refleja un desequilibrio patrimonial, lo que no representa necesariamente que la empresa esté en quiebra o que haya suspendido sus pagos.

Hasta aquí hemos revisado la primera letra del PEF y ya pueden visualizar la importancia de los números. Si bien la P no deja de ser una mirada por arriba a las finanzas de la empresa, es muy valiosa para fijar objetivos y evitar errores que luego salen muy caros. La P es la razón de ser en términos económicos y de rentabilidad de cualquier empresa.

Regularmente invitamos a los clientes a que se pongan en una posición de accionistas de su propia empresa –lo cual es una simulación muchas veces difícil de lograr. Al ponerse en esta situación es más fácil ser objetivo sobre los resultados de la organización. En este juego, proponemos a los clientes que nos digan qué preguntas realizarían si solo fueran accionistas que les prestan dinero a sus empresas y que una vez al año vienen para ver cómo evoluciona todo. Ahí quedan de lado todas las subjetividades y aparecen claramente preguntas: ¿dónde está mi dinero?, ¿cuánto rindió en el último año?, ¿cómo estamos financieramente? La P del modelo es la que nos ayuda a poder responder estas preguntas y, aunque usted no se vea como un accionista, intente ponerse en el papel como si realmente lo fuera.

La segunda parte del modelo es la E, que hace referencia a la óptica económica del negocio. Cuando nos referimos a ella, nos ocupamos de saber si el negocio es viable en términos "económicos". A diferencia de la opción anterior, en este caso la herramienta es de uso cotidiano o al menos de una vez al mes. También es conocida como el estado de resultados mensual, donde se expresan las ventas, los costos variables y los costos fijos; todo lo más abierto y específico posible. Con esta información podrán armar un set de indicadores que son claves para la gestión del negocio.

El estado de resultados, también conocido como estado de ganancias y pérdidas, es un reporte económico que, sobre la base de un período determinado, muestra de manera detallada los ingresos obtenidos, los gastos en el momento en que se produjeron y, como consecuencia, el beneficio o pérdida que ha generado la empresa en dicho período de tiempo, para así poder analizar esta información y sobre esta base, tomar decisiones de negocio[7].

Este estado económico les brinda una visión panorámica de cuál ha sido el comportamiento de la empresa, si ha generado utilidades o no. En términos sencillos, es un reporte muy útil para ustedes como empresarios, ya que les ayuda a saber si su compañía está vendiendo, qué cantidad está vendiendo, cómo se están administrando los gastos y, al saber esto, podrán saber con certeza si están generando utilidades.

Los elementos de un estado financiero se agrupan de la siguiente manera: ingresos, costos y gastos. Basándose en estos tres rubros principales, se estructura el reporte.

Las principales cuentas que lo conforman son las siguientes:

---

7 Mucha de la información de este apartado fue obtenida de diferentes fuentes, sobre todo de blogs y sitios especializados; he intentado ser claro y a la vez preciso en la forma de expresarlo. Algunos de los sitios visitados fueron: http://blog.corponet.com.mx, https://aprendiendoadministracion.com,/ www.consejo.org.ar

- **Ventas:** este dato es el primero que aparece en el estado de resultados; debe corresponder a los ingresos por ventas en el período determinado. Siempre es recomendable abrirlos por unidades de negocios y no verlos como una sumatoria total. Esta apertura nos permitirá seguir más de cerca su desempeño e integrarlo con el plan comercial.
- **Costo de ventas:** este concepto se refiere a la cantidad que le costó a la empresa el artículo que está vendiendo. También conocido como costos directos. En el caso de venta de productos es más sencillo, y suele complicarse en el caso de servicios o negocios mixtos.
- **Utilidad o margen bruto:** es la diferencia entre las ventas y el costo de ventas. Es un indicador de cuánto se gana en términos brutos con el producto; es decir, si no existiera ningún otro gasto, la comparativa del precio de venta contra lo que cuesta producirlo o adquirirlo según sea el caso. Es importante diferenciar el margen de la utilidad. El margen es lo que se debe sumar a los costos para llegar al precio de venta; mientras que la utilidad refleja cuánto representa la resultante (ventas - costos de ventas) sobre el precio de venta. Por ejemplo: el margen de un producto que se compra a 10 y se vende a 20 ($20/$10=100 %), esto significa que el margen es del 100 % sobre costos, o sea, que si multiplican sus costos de venta por dos, llegarán a su precio de venta final.

  Por otro lado la utilidad es: ($10/$20 = 0,5 o 50 %); esto significa que por cada peso que facturan de ventas, les queda el 50 % o 50 centavos de utilidad bruta.

  Es muy importante tener clara esta diferencia, ya que es de suma gravedad pensar que su utilidad es del 100 % –eso es lo que remarca sobre los costos–, cuando la utilidad en realidad es solo del 50 %.

  La utilidad es muy importante para calcular, por ejemplo, el punto de equilibrio, que veremos más adelante.

- **Gastos de operación:** en este rubro se incluyen todos aquellos gastos que están directamente involucrados en el funcionamiento de la empresa. Por ejemplo: los servicios de luz, agua, renta, salarios, etc. También se los conoce como gastos fijos. Para evitar confusiones con los gastos variables siempre es aconsejable entender los costos fijos como aquellos que no varían directamente con la producción o venta. O sea que si ustedes venden 10 o 100, seguirán siendo iguales en el corto plazo.

- **Utilidad sobre flujo (EBITDA):** es un indicador financiero que mide las ganancias o utilidades que obtiene una empresa sin tomar en cuenta los gastos financieros, impuestos y otros gastos contables que no implican una salida de dinero real de la empresa, como son las amortizaciones y depreciaciones.

- **Depreciaciones y amortizaciones:** son importes que de manera anual se aplican para disminuir el valor contable de los bienes tangibles que la empresa utiliza para llevar a cabo sus operaciones (activos fijos), por ejemplo el equipo de transporte. Para esto es importante valerse de un buen contador que contenga estos dos conceptos.

- **Utilidad de operación:** se refiere a la diferencia que se obtiene al restar las depreciaciones y amortizaciones al EBITDA; indica la ganancia o pérdida de la empresa en función de sus actividades productivas.

- **Gastos y productos financieros:** son los gastos e ingresos que la compañía tiene, pero que no están relacionados de manera directa con su operación; por lo general se refieren a montos relacionados con bancos como el pago de intereses. Tambien pueden reflejar ingresos extraordinarios, por ejemplo por plazos fijos u otros instrumentos financieros.

- **Utilidad antes de impuestos:** este concepto se refiere a la ganancia o pérdida de la empresa después de cubrir sus compromisos operacionales y financieros.

- **Impuestos:** contribuciones sobre las utilidades que la empresa paga al Estado. En el caso argentino nos referimos al impuesto a las ganancias, que varia según el tipo de sociedad, una vez más tener un buen contador es importante en este punto.
- **Utilidad neta:** es la ganancia o pérdida final que la empresa obtiene, resultante de sus operaciones después de los gastos operativos, gastos financieros e impuestos.

Al momento de elaborar su estado económico es importante que tomen en cuenta algunas consideraciones:

- Es importante que el estado de resultados se realice de forma mensual, trimestral y anual para un mejor seguimiento.
- Detallar de manera precisa cada rubro de gastos, ya sean operativos, administrativos, financieros, etcétera.

El estado de pérdidas y ganancias tiene objetivos muy puntuales cuando presenta la situación económica de la compañía: el principal es medir el desempeño operativo de la empresa en un período determinado al relacionar los ingresos generados con los gastos en que se incurre para lograr ese objetivo.

Esta información que se obtiene es de mucha utilidad, sobre todo al analizarlo en conjunto con otros estados financieros básicos como el balance general y el estado de flujo de efectivo; de esta manera al evaluar el estado de resultados de su empresa podrá:

1. Realizar una **evaluación precisa de la rentabilidad** de la empresa y su capacidad de generar utilidades. De igual manera es importante para conocer de qué manera se pueden optimizar los recursos y así maximizar las utilidades.
2. **Medir el desempeño de la empresa**, es decir, cuánto está invirtiendo por cada peso que está ganando.

3. Obtener un mejor conocimiento para **determinar la repartición de los dividendos**, ya que estos dependen de las utilidades generadas durante el período.
4. **Estimar los flujos de efectivo** para poder realizar proyecciones de las ventas de manera más precisa utilizando el estado de resultados como base.
5. Identificar **en qué parte del proceso se están consumiendo más recursos** económicos; esto lo pueden saber al analizar los márgenes en cada rubro. Esto les dará una perspectiva de la eficiencia de la empresa y de cada unidad de negocios en particular.

El estado de resultados es de vital importancia para su empresa ya que se convierte en un elemento de apoyo a la gestión, al brindarle información de valor para la toma de decisiones y la planeación estratégica.

Por otro lado, uno de los aspectos más valiosos del análisis económico es la determinación del punto de equilibrio de la empresa, que básicamente consiste en saber cuánto hay que facturar en función de la rentabilidad para que la empresa cubra su estructura, y ese es el punto por encima del cual se empieza a ganar dinero operativamente. El punto de equilibrio operativo se calcula fácilmente:

Total de costos fijos de la empresa / utilidad X 100 =
punto de equilibrio.

Obviamente, si su utilidad crece –por ejemplo por un aumento de precios o una mejora en el mix de productos y servicios– su punto de equilibrio se achica.

Contar con un buen estado de resultados le permitirá a la vez poder analizar ante decisiones de incremento de estructura o aumentos de costos, visualizar el nuevo punto de equilibrio, y ver si comercialmente es viable o no.

En SET siempre recomendamos usar otro punto de equilibrio, al que llamamos Objetivo empresario.

El punto de equilibrio objetivo empresario consiste básicamente en sumarle al costo operativo un objetivo de rentabilidad empresario. Esto es valioso para ver si es viable el negocio desde el punto de vista de los objetivos del empresario. Se calcula fácilmente:

(Total de costos fijos de la empresa + Objetivo empresario) / Utilidad X 100 = punto de equilibrio objetivo empresario.

Es un error común que se piense que los números son una parte aburrida de la empresa y que solo sirven para mirar el pasado. Comprender las finanzas de la empresa es la clave para proyectar el negocio y apoyar con información objetiva las decisiones de otras áreas. La E del modelo es de gran utilidad en su día a día, no la subestime e invierta en profesionales y sistemas de información que no solo faciliten el trabajo, sino que a la vez aseguren que son confiables. Así como un marinero no puede dudar del norte de su brújula, ¡usted no puede dudar de sus números!

Finalmente llegamos a la última letra del modelo PEF. La F hace referencia ni más ni menos que a la faceta financiera de la empresa. Cuando nos referimos a la F, lo que nos importa es cuánto dinero entra y sale de la empresa todos los días y a la vez hacer una proyección a mediano plazo.

En mis años de consultor aprendí que una de las mayores presiones que puede vivir una persona es lo que denomino estrés financiero. Imaginen por un momento un señor que todos los días debe llevar 100 pesos a su casa para alimentar a su familia; no tiene ahorros y su familia cuenta con él para todo. Ahora imaginen que se encuentran a este señor a las 11 de la noche y lo invitan a tomar algo para contarle un excelente proyecto del que él puede ser parte. Ese día, desafortunadamente, su amigo solo ha podido conseguir 50 pesos. Créanme que en esta situación pueden mostrarle la fórmula para curar el cáncer y él no podría apreciarla; su única misión es conseguir esos 50 pesos que le faltan.

Yo viví en carne propia, y muy de cerca con muchos clientes, el sufrir financieramente: llegar con lo justo a cubrir el banco y ya estar pensando en el día próximo, y así todos los días. ¿Imaginan en esta situación la posibilidad de pensar estratégicamente su negocio?

Lo financiero muchas veces distorsiona la realidad o al menos la confunde. Tener problemas financieros no significa que tengan problemas económicos; aunque si tienen muchos problemas financieros tendrán con seguridad muchos problemas económicos, ya que el costo de no poder cubrir con ingresos genuinos los egresos, es de por sí muy alto.

¿No les parece triste haber peleado mano a mano con un cliente o un proveedor para mejorar en un 2 % la rentabilidad y que luego un banco o prestamista se lleve eso y mucho más solo porque usted no puede esperar el cobro de un cheque para cubrir el banco?

Como he dicho en otros apartados de este libro, en parte busco que ustedes –los empresarios– disfruten más de sus negocios, que logren realizarse al llevar adelante el emprendimiento. Créanme que con problemas financieros esto será muy difícil.

Ahora bien, ¿qué aspectos hay que tener en cuenta para poder lograr el equilibrio financiero?

El flujo de efectivo, también llamado flujo de caja, o *cash flow* en inglés, es la variación de entrada y salida de efectivo en un período determinado.

En otras palabras, se puede decir que el flujo de caja es la acumulación de activos líquidos en un tiempo determinado; por tanto, sirve como un indicador de la liquidez de la empresa, es decir, de su capacidad de generar efectivo.

Según el Plan General Contable, el flujo de caja se analiza mediante el llamado estado de flujo de caja. Provee información sobre los ingresos y salidas de efectivo en un cierto espacio de tiempo.

Conocer el flujo de caja de una empresa ayuda a los inversionistas, administradores y acreedores, entre otros, a:

- Evaluar la capacidad de la empresa para generar flujos de efectivo positivos.
- Evaluar la capacidad de la empresa para cumplir con obligaciones adquiridas.
- Facilitar la determinación de necesidades de financiación.
- Facilitar la gestión interna del control presupuestario del efectivo de la empresa.

Para calcular el *Cash Flow* Operativo (CFO), utilizaremos tanto el Balance como la Cuenta de Pérdidas y Ganancias. Lo que buscamos son flujos de dinero reales, no contables. En la Cuenta de Pérdidas y Ganancias vamos a encontrar, por ejemplo, ventas que aún no han generado un ingreso de dinero, y gastos que no suponen una salida de dinero. Estos dos flujos contables, como no son flujos reales, van a ser eliminados en el CFO. Lo que pretendemos, en definitiva, es tener una visión de los flujos reales generados con la actividad operativa de la empresa; o sea, queremos tener en cuenta solo ingresos y egresos efectivos, conocidos y ejecutables.

Para las personas que no estén familiarizadas con el término, una planilla de flujo de fondos es un documento usualmente realizado en Excel u otro software de hoja de cálculo, que nos permite visualizar el movimiento de dinero (entradas y salidas) durante un período de tiempo.

¿Cómo hacer una planilla de *cash flow*?

Básicamente se suman día a día, semana a semana y por último mes a mes los ingresos, se restan los gastos y luego tenemos el resultado o balance final (que suma o resta, según sea el resultado positivo o negativo); dicho saldo es automáticamente trasladado al tope de la columna del siguiente mes como saldo inicial de caja.

Es importante tener una proyección de al menos tres meses. De esta forma podremos anticiparnos con suficiente tiempo.

Conviene dividir la planilla en cuatro partes:

1. **Saldos al inicio y reservas:** todo lo que tenemos disponible al inicio del día. Por ejemplo: efectivo, cheques en cartera, saldos de bancos, reservas. Básicamente es con lo que contamos para afrontar nuestro día.

2. **Ingresos:** aquí no nos importa la facturación, nos importa lo que sabemos y conocemos que va entrar cada día. Si ustedes tienen distintas unidades de negocios, vendedores o fuentes de ingresos, como sucursales o franquicias, es importante separarlos y de esta forma poder dar un seguimiento más profundo a cada uno.

3. **Egresos:** conviene dividirlos en costos fijos y variables (o derivados de las ventas). En lo que hace a egresos, hay algunos más fáciles de estimar que otros. Por ejemplo la estructura de costos fijos es bastante fácil de estimar, no así los gastos variables, ya que hay que hacer un análisis en el que se debe tener en cuenta –en función de las ventas– cuánto vamos a comprar y cómo lo vamos a pagar.

4. **Gastos financieros e inversiones:** conviene tener abiertos y separados los gastos de inversión y los costos financieros para monitorearlos más de cerca.

El rol del planificador financiero

Dependiendo de la complejidad de la organización tendrán la necesidad de contar o no con un planificador financiero. En la mayoría de las pymes no existe este rol y generalmente la función recae en el dueño, lo que lo hace sumamente dependiente del día a día. Por otro lado, la administración financiera suele ser siempre reactiva y muy poco proactiva, y es analizada día a día sin planificación.

Siempre que la empresa lo permita, sugiero contar con alguien dentro de la estructura administrativa –que no sea el dueño–, a cargo de la planificación financiera y que sea esta persona la que administre la herramienta (por lo general una hoja de cálculo Excel) y mantenga informados a los tomadores de decisiones y, sobre todo, con anticipación. El planificador debe ser una persona con poder dentro de la empresa y ocupar una posición central, ya que debe tener contacto con casi todas las áreas: ventas, producción, compras, administración, gerencia, etc. En sí, todo aquel que pueda ayudar a conseguir fondos o los requiera para afrontar un pago o necesidad puntual. El planificador entonces es una de las personas con mayor peso dentro de la organización.

El semáforo financiero

Este término fue inventado por los consultores de SET en la implementación de herramientas de planificación financiera y ante escenarios donde la presión o los recursos financieros del día a día eran escasos.

Básicamente consiste en clasificar los ingresos y egresos en colores, al igual que un semáforo, y que sirvan para la gestión financiera en el día a día.

Así, las cuentas que se clasifican como verdes significan, del lado de los ingresos, que tienen baja probabilidad de ingreso real y del lado de los egresos, que pueden moverse en caso de ver que no se va a contar con los recursos necesarios. Los amarillos son posibilidades intermedias de cobro y ya no deberían ser movidos de fecha desde la óptica de los pagos. Los rojos significan que se cobran sí o sí, y si es un egreso se paga sí o sí.

En una empresa de mediana complejidad los ayudará mucho tener esto bien clasificado.

Un error muy común es pensar en planificación financiera solo cuando se enfrentan situaciones críticas. Toda empresa ordenada debe planificar financieramente, y así evitar el estrés financiero.

En resumen: a la diferencia positiva entre los ingresos que hemos obtenido (ventas de productos o servicios) y los gastos realizados para lograr dichas ventas (salarios, compras, etc.) a lo largo del ejercicio, lo denominaremos resultado económico. Tener un resultado favorable en este cálculo es una buena noticia; pero no debemos confiarnos, puede esconder problemáticas claves para nuestro futuro, como la liquidez, otra de las grandes y principales preocupaciones de cualquier compañía.

Una empresa puede tener una excelente salud en sus cuentas, pero también la caja vacía. Podemos haber realizado muchas ventas, por lo que contablemente el resultado podría ser muy positivo, pero si tenemos un período de cobro muy largo, o un alto índice de impagos –algo que inicialmente podría parecer un buen escenario– se puede convertir en una auténtica pesadilla. No debemos confundir beneficio económico con tesorería o dinero de caja. Además de los aspectos económicos, debemos tener en cuenta un factor esencial, que nos permitirá entre otras cosas saber si somos capaces de hacer frente a los pagos que debemos realizar: el *cash flow* o flujo de caja.

Optimizar el *cash flow* es un aspecto clave para cualquier empresa. Este dato nos permite estar informados en todo momento de nuestra liquidez, pudiendo anticiparnos a picos de gastos (con proveedores, devoluciones de préstamos, etc.), haciendo reservas para esos momentos o buscando la financiación necesaria para cubrirlos. Muchas de las decisiones estratégicas de las compañías se basan en esta información, ya que de no tener en cuenta nuestra tesorería, lo que puede ser una buena decisión a corto plazo, quizá se vuelva un problema de liquidez para la compañía a mediano plazo, pudiendo llegar incluso a "morir de éxito" por falta de previsión.

Las proyecciones de *cash flow* nos permiten prever si dispondremos de efectivo en el futuro para cubrir gastos y generar liquidez, o calcular la viabilidad de un proyecto de inversión. Aprender cómo optimizar el *cash flow* es imprescindible para su sostenibilidad, y para ello es necesario manejar una serie de términos como Flujo de Caja Bruto, Operativo, de Inversión, de Financiación o de Capital.

El *cash flow* debe ser un concepto a tener siempre en cuenta antes de tomar cualquier decisión. Conocer este cálculo ya no solo compete a la Dirección Financiera, sino a todos aquellos directivos con responsabilidad presupuestaria y que formen parte de la definición o ejecución de la estrategia de la compañía.

Así cerramos este capítulo y el Modelo PEF de manera muy resumida. Como habrán podido observar, a diferencia del resto, este apartado nos llevó mucho más espacio y dedicación. ¿Por qué? Porque el ADN pyme suele sobrevolar los números y eso le trae muchos dolores de cabeza.

Todas las consultorías de SET arrancan por los números y se vuelven una parte fundamental del planeamiento y la gestión diaria.

6. Mi contador no me ayuda

A menudo se lo escucha a Juan exclamar: "¡Estoy harto de mi contador! Vive pasándome todo tarde y no me ayuda en las finanzas; siempre me llama para darme malas noticias y cuando le pregunto algo siempre me da la respuesta más obvia".

En Argentina los contadores, por lo general, se limitan a cuestiones impositivas y liquidación de sueldos. Necesarias, pero no suficientes para manejar las finanzas como se requiere. No es una crítica a la profesión, considero que tiene que ver con una problemática que se arrastra desde hace décadas, en la cual el contador se siente limitado a las cuestiones más urgentes –como las impositivas– y piensa que no podrá cobrar un plus si realiza un trabajo de asesoría integral. Esto ha generado un encasillamiento de la profesión en solo eso: cuestiones impositivas y laborales.

Dicho esto, siempre les voy a recomendar tener un buen contador, y no está mal que se enfoque en lo tributario y laboral, ya que en Argentina la carga impositiva y laboral es muy alta, y contar con un buen asesoramiento puede hacerles ahorrar mucho dinero o, por lo menos, no pagar de más innecesariamente.

Basado en mi experiencia como empresario encuentro –simplificando–, dos tipos de contadores:

1. **Los reactivos:** estos contadores suelen estar sobrepasados de trabajo, lo que los lleva a correr detrás de los problemas, y son los típicos que los llaman el día del vencimiento del impuesto para avisarles que hay que pagarlo. No suelen anticiparse o proponer alternativas para que puedan evaluar una posible decisión. Estos contadores tampoco ayudan a analizar, con una mirada más macro, las finanzas o una planificación impositiva. No se trata de estar fuera de la ley, pero la misma ley permite muchas alternativas que el empresario debe evaluar y que pueden impactar muy fuerte en los resultados económicos. Si su contador es uno de este tipo, mi recomendación es que tengan un contador interno y que el externo solo se limite a las presentaciones, o le tocará ser más proactivo y pedirle de manera periódica información o análisis para la toma de decisiones.

2. **Los proactivos:** estos profesionales –los menos– se especializan en planificación impositiva y en encontrar la mejor fórmula para que su empresa pague lo que debe pagar. También se ocupan de analizar y proyectar en función de sus planes y estrategias, y de cuál sería la estructura impositiva acorde para acompañarlos. Estos pueden ser grandes asesores y permanente fuente de consultas antes de tomar decisiones importantes. Trabajar con este tipo de contadores es muy enriquecedor. No obstante, siempre recuerden que un contador externo no puede ser un gerente, debe tener una administración interna sólida y trabajar en equipo.

Otra pregunta frecuentes es: ¿conviene tener un contador interno en la organización? Esto dependerá en gran medida del tamaño de la empresa o del momento. Si su empresa es ya de tamaño considerable, sin dudas es recomendable tener una sólida administración, que no solo se ocupe de lo básico, sino gestionar y planificar; para poder hacerlo es clave tener un profesional acorde. Podrá ser contador o administrador, pero lo importante es que tenga las habilidades y el liderazgo para poder aportar a la empresa, no solo la coordinación de la administración, sino indicadores para la toma de decisiones. Contar con un profesional dentro de la estructura ayuda mucho a la vez al contador externo, y se puede generar una muy interesante relación que aporte la mirada externa y la gestión interna para la toma de decisiones del líder de la organización.

7. No sé qué vendo realmente

Por **Diego Merena** y **Jonatan Loidi**

¿Es posible subsistir en un mercado cada vez más competitivo sin tener claro qué vendemos o por qué nos eligen? La respuesta es obvia. Sin embargo es alarmante dentro del ADN pyme la cantidad de veces que me enfrento a empresarios que no pueden responder a esta pregunta y esquivan la mirada con gran incertidumbre. Si bien dijimos que los números son sin duda uno de los aspectos más importantes de cualquier organización, también dijimos que no es lo único, y como parte del Modelo 360° también debemos tener en cuenta la parte organizativa y comercial.

En lo que hace a lo comercial, es clave entender que hoy, lo que define el centro de gravedad de la organización es lo comercial. Podemos ser muy ordenados y conocer claramente nuestras finanzas, pero si no somos estratégicos y proactivos en el mercado, nuestro futuro es, con seguridad, arriesgado e incierto.

A continuación veremos el parágrafo sobre creación de propuestas de valor, que fue parte de mi libro ¿Qué es eso del marketing?, publicado en 2016.

Creando las propuestas de valor[8]

Cuando analizamos el marketing como un proceso amplio, reconocemos que necesariamente forma parte de otros procesos dentro de una organización. Ello implica que el marketing no es un conjunto de acciones aisladas, o un área en particular dentro de una compañía, sino que dicho proceso es inevitablemente transversal. Desde la incorporación del personal, la compra de materias primas, los procesos productivos, la prestación de servicios, la satisfacción posventa, la gestión de pagos y cobros, las relaciones con otros entes, los clientes internos, todo hace que "se piense en marketing" en todas las actividades y tareas que se desarrollan.

En efecto, cuando estamos en un supermercado o en un centro de compras y observamos el comportamiento de los posibles compradores, podremos apreciar distintas reacciones respecto de los estímulos con los que se encuentran. Pero si una empresa ha tenido en cuenta a ese cliente, tuvo cuidado en todos los procesos para generar un marketing eficaz y eficiente y aun así no genera una transacción como consecuencia, ¿qué puede haber fallado? ¿Por qué una persona en un supermercado toma un producto, lo mira, lo deposita en su carro de compras, hace dos pasos, lo saca, lo devuelve a su lugar, y toma el de al lado (que es de un competidor)? ¿Qué pasa cuando una persona entra en un local de ropa, toma una prenda que estuvo observando una y otra vez, se la prueba, y aunque sea "perfecta" termina comprando un producto similar en otro local? En síntesis, algo no ha sido tenido en cuenta en su totalidad; en alguna parte del proceso, hemos fallado. De todas maneras, no hay que decepcionarse sino buscar los porqués de esas reacciones, y cuál ha sido nuestra equivocación.

Sin lugar a dudas no hemos tenido la información suficiente para tomar algunas decisiones. Y este es un punto crucial: las decisiones y las investigaciones en marketing requieren de información

---

8 *¿Qué es eso del marketing?* Editorial Errepar, 2016.

de calidad. Para poder analizar en detalle qué cuestiones no hemos tenido en cuenta, o qué información necesitaremos para implementar las estrategias previstas, proponemos la utilización de una herramienta a la que llamaremos Modelo SET, la cual fue pensada para la creación de propuestas de valor. De ser factible, nos acercará a la posibilidad de construir una o varias propuestas de valor que nos hagan realmente únicos y elegibles dentro de un abanico de posibilidades y, a su vez, poder administrarlas a largo plazo.

Veremos que no es una tarea sencilla y, sobre todo, que es muy laboriosa. Pero créanme que si logran aplicarla descubrirán mucho sobre su negocio que hoy no saben, o por lo menos lo verán desde otra perspectiva.

El primer paso ineludible es la segmentación. Este es el eje central del modelo, debido a que cada vez tenemos más variables involucradas en un proceso de segmentación.

El trabajo de segmentar requiere de un minucioso análisis de la información que tengamos y podamos obtener de nuestro público objetivo. Allí radica uno de los inconvenientes: cada vez tenemos más información de nuestros prospectos y clientes actuales. De todas maneras, entendamos este paso como parte del futuro que se avecina en el marketing: cada vez se crean productos y servicios para segmentos más específicos y delimitados. Por lo tanto, adoptemos esta cuestión como un entrenamiento necesario para estar preparados para lo que se viene. Como contrapartida, la presencia de nuevas herramientas tecnológicas que nos permiten procesar y utilizar de manera conveniente ese cúmulo de datos, nos posibilitará realizar una segmentación detallada y precisa.

Es importante aclarar que esta herramienta debe aplicarse para cada uno de los segmentos que queramos analizar. No es una herramienta general, sino más bien particular por segmento.

Cuando empezamos a desarrollar este modelo, descubrimos accidentalmente que era una poderosa herramienta para validar segmentaciones –ya veremos cómo.

Modelo de generación y administración de propuestas de valor a largo plazo - SET

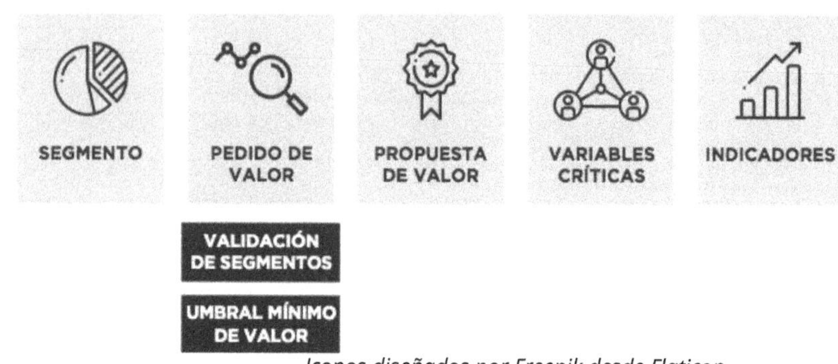

Iconos diseñados por Freepik desde Flaticon

Fuente: Loidi, J. y Merena, D.

Desde que estudiábamos Marketing con Diego Merena en la UCALP, y luego como consultores y profesores, siempre escuchábamos hablar de la tan renombrada propuesta de valor y la importancia de poder conocerla a fondo. Sin embargo, no nos sentíamos convencidos en cuanto a la concepción de quién es el que define la propuesta de valor de una empresa. Sentíamos que era algo un tanto soberbio que la propia empresa fuera la que definiera qué cosas le tienen que gustar al cliente. Siempre recurro al mismo ejemplo. Sería como entrar a una clase con cinco potes de helados de distinto sabor y en función de la cara, forma de vestir y percepción que yo tenga de cada una de las personas presentes, les diera los gustos que yo supongo que son los que les deberían gustar. Lo más lógico, sin lugar a dudas, sería preguntarle a cada uno qué gusto quiere. Esto no implica que no podamos sorprenderlo y lograr una diferenciación, precisamente al sorprender al cliente, pero no desde una perspectiva de adentro hacia fuera, sino al revés. Así es que en el esquema que presentaremos, se parte de lo que llamaremos "pedido de valor".

Este punto en particular es tal vez el cambio más sustancial en el enfoque de este modelo, ya que no partimos de lo que nosotros creemos que los clientes quieren, sino de lo que los clientes expresan querer y desde ahí construimos las propuestas de valor. Siempre sabiendo que muchas veces el cliente no tiene del todo claro cómo lo quiere, entonces lo que buscamos es información que nos permita construir sorpresas para nuestros públicos objetivos.

Recordemos esta frase de sir Denys Lasdun, arquitecto:

Nuestro trabajo es dar al cliente no lo que quiere,
sino lo que nunca soñó precisar, y cuando lo haya obtenido,
lo reconocerá como algo que siempre quiso.

No obstante, este punto en particular es de gran discusión hoy en día. Existen dos opiniones respecto de si hay o no que preguntarles a los clientes sobre lo que quieren. Steve Jobs, como máximo exponente de los que creen que no, tenía una famosa frase que decía: "No hay que preguntarle a los clientes qué es lo que quieren, porque no saben lo que quieren". Sin embargo, Steve era Steve.

Considero que, como todo en la vida, no es bueno ir a los extremos. Mi opinión es que hay que observar mucho a los clientes, el ambiente donde se mueven y se desarrollan, a los competidores, analizar la historia, tratar de detectar tendencias que marquen el rumbo y, con todo esto, ¡sorprenderlos! Siempre hay que darles algo más de lo que esperan y para eso es fundamental la creatividad y la innovación. Pero recordemos que toda gran idea surgió de detectar una gran necesidad y esto implica ser un buen observador.

Es importante saber que el preguntar también puede condicionarnos. Los consumidores muchas veces saben menos del producto que están consumiendo que ustedes. Finalmente ustedes son los que pasan horas y horas frente al producto. Conozcan su calidad real y vivan buscando cómo mejorar. Esto es muy cierto, pero cuidado, porque solo eso no les asegura el éxito. Este se logra cuando se cruza la necesidad con la satisfacción, todo a un precio justo.

El pedido de valor

Una vez elegido uno o varios segmentos sobre los cuales se decida indagar el pedido de valor particular de cada uno, el paso siguiente consiste en realizar una profunda investigación con encuestas y entrevistas en cualquiera de sus formatos. Es recomendable la forma presencial, ya sea individual o grupal, para consultar a los potenciales clientes sobre qué cosas valora o valoraría del producto genérico sometido a evaluación. Es muy importante tener en cuenta que no debe preguntarse sobre nuestro producto específico, sino sobre el genérico de la categoría. Si habláramos del mercado automotriz sería algo así como preguntar: "¿Qué cosas valora, analiza, considera, compara e investiga, al momento de elegir un auto compacto de cuatro puertas para uso familiar?". Las respuestas serán una lista de cualidades: buen diseño, bajo consumo de combustible, aire acondicionado, seguridad, buen espacio interior, que sea de una marca reconocida, precio y financiación, entre otras cuestiones.

Lo que estamos logrando, al pedirles a los clientes que digan qué cosas valoran, es empezar a pensar en la "construcción de atributos", pero desde lo que los clientes quieren y no al revés.

Es importante aclarar, que el cliente expresará opciones genéricas; es nuestro trabajo indagar y detectar cuáles son los verdaderos intereses detrás de esas opciones. Así, cuando una persona dice confort, puede referirse tanto al tamaño interior como a la sensación del andar del vehículo. Una vez lograda la lista de atributos, sigue otra pregunta: "¿Ahora podrían indicar según un orden de prioridad cuáles de los atributos que nombro son los más importantes para usted?". Aquí lo que recomiendo es no hacerlo con una valoración del 1 al 10, sino dividirlos en grupos según su grado de importancia relativa: 1, 2 y 3. El 1 está conformado por los atributos excluyentes, o sea que: si no están, no es una opción deseable de compra. En este punto se listarán seguramente muchos de aquellos atributos que definiremos más adelante como "umbral mínimo de valor" o "umbral mínimo de competitividad". Luego las características ubicadas en el 2 serían muy importantes pero no tanto como las registradas en el 1. Por último, los atributos del 3 serían importantes, pero pueden ser prescindibles si los del 1 y 2 son muy fuertes. Así podría ocurrir que la lista quedara de la siguiente manera:

Buen diseño	2
Bajo consumo de combustible	1
Aire acondicionado	2
Seguridad	3
Espacio interior	2
Marca	3
Precio	1
Financiación	1

Ordenados quedarían de la siguiente manera:

Bajo consumo de combustible	1
Precio	1
Financiación	1
Buen diseño	2
Aire acondicionado	2
Espacio interior	2
Seguridad	3
Marca	3

En este punto, para retomar lo dicho anteriormente, es fundamental no quedarse solo con la opinión de los clientes, expertos, referentes, etc., sino tener la de todo aquel que pueda aportar una mirada diferente.

Ahora tenemos un dato muy valioso. Sabemos qué es lo que buscan los clientes, lo que valoran y cómo lo valoran. Esto nos da un indicio de por dónde empezar a construir nuestra propuesta de valor, sabiendo qué cosas quieren o desean con mayor preponderancia.

Un día me encontré realizando este ejercicio con un grupo de gerentes de un importante banco. Cada grupo debía elegir un segmento distinto y luego realizar una encuesta para detectar sus pedidos de valor. Al tiempo nos volvimos a encontrar y cada grupo expuso en el pizarrón sus tablas valorizadas. Una vez que todas las tablas estaban en el pizarrón surgió algo muy interesante: en la mayoría de los segmentos se solían pedir las mismas cualidades, pero lo que cambiaba era la valorización que cada segmento hizo de cada variable. Así, mientras que para algunos, determinada propiedad representaba un 1, para otros era un 3. Siguiendo con el ejercicio anterior de los autos se muestra la siguiente tabla:

SEGMENTO A		SEGMENTO B		SEGMENTO C	
Bajo consumo de combustible	1	Bajo consumo de combustible	2	Bajo consumo de combustible	3
Precio	1	Precio	2	Precio	2
Financiación	1	Financiación	2	Financiación	2
Buen diseño	2	Buen diseño	1	Buen diseño	1
Aire acondicionado	2	Aire acondicionado	1	Aire acondicionado	2
Espacio interior	2	Espacio interior	1	Espacio interior	2
Seguridad	3	Seguridad	3	Seguridad	2
Marca	3	Marca	3	Marca	

Como ven en el cuadro, los pedidos de valor son los mismos, aunque no necesariamente siempre es así. Podría suceder que surjan pedidos de valor diferentes para distintos segmentos, pero en líneas generales una gran cantidad coincidirán. Lo que sí cambió es que cada uno le asignó un orden de prioridad distinto. A esta etapa la llamaremos "validación de segmentos". Si dos segmentos tienen una valorización similar de los atributos, sobre todo los 1, podríamos decir que la segmentación no es válida o, dicho de otra forma, esos dos segmentos tal vez sean uno solo. Por el contrario, si hay diferencias podríamos decir que sí es válida.

Cuando analizamos con los grupos mencionados lo que se veía ahora en el pizarrón, notamos que de los siete segmentos sobre los que se había trabajado, había dos grupos de dos y dos que coincidían en casi todo. Por ende se profundizó el análisis y se realizó un pedido de información interno en el banco. Se terminó concluyendo que de siete había que pasar a cinco segmentos. Usando la terminología antes expuesta, se logró validar 5 segmentos en vez de siete.

Otro aspecto importante, ideal para realizar en esta etapa, consiste en indagar con mayor profundidad los atributos señalados anteriormente, ya que muchos de ellos son muy abarcativos y nos va a ser difícil poder construir una propuesta de valor partiendo de, por ejemplo, el atributo "calidad". Lo que debemos indagar es precisamente a qué llama el cliente "calidad" o "seguridad".

No obstante, cuando una empresa está en marcha y goza de cierto reconocimiento en el mercado debería considerar, en un análisis posterior, no solamente el pedido de valor respecto del producto genérico, sino también el exigido a la propia empresa en particular; es decir, en este caso no indagamos que cosas quiere, como por ejemplo un automóvil, sino en particular sobre el que nosotros vendemos; en este caso, qué es lo que más le gusta de los autos Peugeot. Estos podrán coincidir o no con los pedidos sobre el producto genérico, siendo que algunas marcas de renombre reciben mayores exigencias de su público que lo que pretenderían del mercado en general.

Seguramente, habrá algunas razones por las que nuestros clientes nos exigen particularmente, y esto se debe a la multiplicidad de segmentos que buscan mayores especificaciones para satisfacer sus necesidades. Como sabemos, existen segmentos de mercado que buscan cuestiones más funcionales y analizan los productos o servicios en función de ellas. Por otro lado, tenemos otros segmentos que valoran cuestiones más subjetivas, como pueden ser la marca, el estatus o las experiencias que el producto les brinda.

Es por esto que es importante siempre comprender que en el pedido de valor lo que buscamos es la base para la construcción de propuestas de valor; de ninguna manera son definiciones sobre lo que nuestro producto debería ser en términos absolutos.

Umbral mínimo de valor o competitividad

Luego de haber indagado a fondo lo que surgió en la etapa de pedido de valor y de una profunda investigación de la competencia, aparece un dato fundamental al que llamaremos "umbral mínimo de valor" o "umbral mínimo de competitividad", que consiste ni más ni menos que en el piso o base sobre la que se podrán construir nuevas propuestas de valor. Ello significa que estarán involucradas todas aquellas cuestiones que ese segmento le exige "como mínimo" al mercado, y por ello mencionamos que serán parte de las variables "excluyentes" en la consulta sobre pedido de valor.

Esta etapa es también una revelación sobre nuestra situación real en el mercado y sobre si podremos o no participar en ese segmento. Imaginemos que el umbral mínimo de valor es muy exigente y supera por mucho lo que nosotros podemos ofrecer al mercado. Esto sin duda nos obligará a replantearnos si estamos preparados y si podremos realmente competir.

Como ilustración, hoy en día cualquier persona que compre una heladera le exigirá al mercado que al menos tenga un año de garantía. Si existiera un oferente que no la diera, estaría por debajo de este umbral mínimo y quedaría virtualmente fuera del mercado.

Siguiendo con el ejemplo de los autos, actualmente ningún auto compacto de gama media puede siquiera aspirar a ser vendido si no cuenta con dirección asistida, aire acondicionado, cierre centralizado, MP3, cinturones inerciales, etc. Cumplir con esto no es una propuesta de valor, es más bien un umbral mínimo de valor. No hacerlo significará claramente una pérdida de valor y, por consiguiente, una pérdida de competitividad; por otro lado, tenerlo no generará más valor, por cuanto coincide con las expectativas del segmento en cuestión. O sea, no cumplir con el umbral mínimo de valor significaría estar fuera del juego; ahora, cumplirlo no necesariamente significa que ganaremos, sino más bien que será parte de la base sobre la cual debemos construir valor diferencial.

Tener un producto que posea atributos destacados como excluyentes para el mercado, y que sean únicos e irrepetibles, significará que esas particularidades que le hemos agregado al producto no solamente están siendo valorados por el segmento, sino que ya lo exigen como mínimo para tomar una decisión de compra. En esta instancia, nuestra compañía estará marcando el camino de la innovación en el mercado y será sin lugar a dudas una empresa líder.

Generación de propuesta de valor o fuentes de valor

Con la información obtenida en el punto anterior, ahora contamos con datos vitales para dar paso a la construcción de nuestra propuesta de valor diferenciadora y así lograr fuentes de atracción. Sabiendo que no todos los diferenciales generarán atracción, o mejor dicho, no generarán la misma atracción, es primordial detectarlos de manera singular.

La propuesta de valor, como definición simple, describe el o los atributos por los cuales los clientes eligen una empresa u otra.

El proceso se inicia con todos los atributos "1" del cuadro anterior, y empieza un análisis y generación de propuestas diferenciadoras.

*Para que una fuente de valor sea válida debe ser única
y diferenciadora. Por definición, una fuente de valor compartida
con otro competidor se neutraliza y deja de generar valor.*

Es una etapa de mucha investigación respecto de lo mencionado en el apartado anterior, sobre descifrar claramente a qué se refiere el cliente cuando nombra y valoriza las diferentes variables. También es un momento de investigación profunda de la competencia.

Es recomendable hacer participar a la mayor cantidad posible de empleados en esta etapa y no estaría de más que también un consultor externo aportara frescura y objetividad al análisis, tomando así como punto de partida lo logrado anteriormente e invitar a pensar de manera creativa nuevas propuesta de valor.

Puede existir más de una propuesta por atributo. Cada una debe ser claramente explicada y dimensionada.

Como hemos visto en capítulos anteriores, ser diferente o tener una buena propuesta de valor no necesariamente se constituye en una fuente de atracción. Una vez definidas las propuestas de valor, es momento de analizar cuáles contribuyen a generar mayores y mejores experiencias.

Es el momento de analizar si lo que proponemos guarda relación con lo que nuestra marca expresa. Recordemos que la marca tiene como principal objetivo identificar y expresar claramente nuestra propuesta de valor y lo que somos y significamos para nuestros clientes.

Es aquí donde debemos recurrir al plan táctico y definir el camino y las acciones a desarrollar para lograr posicionar nuestras nuevas propuesta de valor en los distintos segmentos.

Las experiencias se viven, por ende el trabajo más difícil es cómo vamos a dar a conocer esos diferenciales de atracción que, combinados, generan un concepto en torno a nuestra marca y que esa sea precisamente nuestra "fuente de atracción".

Validación de la propuesta de valor en el mercado

Si bien hemos analizado a fondo lo que nuestros clientes actuales y potenciales valoran de lo que ofrecemos, y a partir de ello intentamos desarrollar nuestros diferenciales, siempre es necesario fundamentar estas hipótesis en el mercado. Una recomendación en este punto es validarlo en lo que se conoce como mercado de prueba. De esta manera obtendremos información de campo que nos puede servir para redefinir algunas variables y realizar los ajustes necesarios.

Es común y hasta lógico que en las pruebas de mercado muchas de las propuestas se cambien o adapten. De hecho, esto es un proceso continuo y no hacerlo puede ser un grave error a futuro.

Las pruebas de mercado implican elegir un segmento de mercado y un mercado de prueba donde expondremos nuestras propuestas de valor diferenciadoras y mediremos la reacción de los consumidores.

Por ejemplo, Coca Cola lanzó en Argentina la Coca Life para probar su aceptación y si su propuesta de valor era realmente atractiva. El mercado rápidamente expresó que el sabor no era el adecuado y Coca Cola lo cambió y lo volvió a lanzar. Básicamente lo que hacen es ir ajustando variables hasta llegar al producto final. Si por alguna razón la decisión final fuera que no es un producto aceptado, se cancela y solo afecta la imagen en este mercado y no en todo el mundo.

Análisis de variables críticas

Si bien el trabajo hasta aquí desarrollado no es sencillo, lo más difícil es poder sostener a largo plazo, y con alta calidad percibida, la propuesta de valor.

Por esto es fundamental definir cuáles son las variables críticas que la empresa deberá controlar y monitorear de manera permanente para cumplir con lo que prometemos. Puede haber muchas variables por cada propuesta y es trabajo de los gerentes asegurar que se cumplan dentro de lo que definimos como óptimo.

Este tal vez sea uno de los aportes más importantes de esta herramienta. Básicamente, lograr que todos en la organización –sin importar el puesto que ocupen– puedan tener claro de qué manera su trabajo aporta o perjudica la propuesta de valor de la empresa.

Los gerentes ahora no deben pensar en cómo asegurar sus estándares de producción, eficiencia o cumplir con un tiempo determinado, sino que ahora deben tener en claro que la prioridad es cumplir con el cliente.

Los sueldos de todos dentro de la organización son pagados por la misma persona, se llama CLIENTE...

Así, una propuesta de valor puede tener muchas variables críticas para poder funcionar y esas variables dependen de muchos gerentes o responsables. Aquí la importancia de la visión compartida y el trabajo en equipo es primordial.

Recuerdo que en medio del *boom* de los *delivery*, allá por los años 80, una pizzería en la ciudad de La Plata –donde yo estudiaba– quiso generar una importante propuesta de valor diferenciadora, única y que la hiciera elegible.

Tener variedad, buena atención y *delivery*, claramente no era ya una propuesta de valor en sí misma, sino más bien un umbral mínimo de valor.

Por esto redobló la apuesta y promocionó que en su pizzería, si el pedido demoraba más de 45 minutos en llegar desde que se realizaba, ¡la pizza sería gratis!

Era realmente una muy buena propuesta de valor y sobre todo cumplía con la parte de hacerlo elegible. Recuerdo como si fuera hoy que con mis amigos calculábamos el momento en que mayor trabajo tendría y hacíamos pedidos de los más difíciles para dificultar la tarea y poder comer gratis.

No recuerdo bien, pero creo que solo la primera vez que realizamos un pedido, la pizzería pudo cumplir con su misión; el resto de las veces comimos bien y gratis. Lamentablemente esto no duró mucho tiempo y tuvimos que volver a la rutina de pagar...

¿Dónde estuvo entonces el problema? ¿Por qué fracasó? El éxito había golpeado a sus puertas y ninguna pizzería se animó a copiarlo.

En definitiva, fracasó porque no pudo asegurar que las variables críticas como preparación, horneado, entrega, etc., pudieran funcionar como esa propuesta requería.

Indicadores de control

Toda empresa que quiera perdurar en el tiempo y mantener estándares de calidad debe definir, a partir de las variables críticas, indicadores de control permanentes para que no se dispare ninguna variable crítica y, si sucede, poder corregirla a tiempo.

Es importante aclarar que no solo debemos tener indicadores sobre variables críticas, sino también sobre la percepción final de valor por parte de los clientes. Se podría dar el caso de que los indicadores de variables críticas tuvieran un correcto desempeño, pero por alguna razón, la percepción no sea la esperada. En este caso hay que volver a repasar el pedido de valor y, por consiguiente, las propuestas, e intentar detectar dónde se está perdiendo valor.

En una ocasión le preguntaron al reconocido economista J. M. Keynes qué creía que ocurriría en el futuro, a lo que él respondió dejando a todos en silencio y con una sonrisa en sus caras: "A largo plazo, todos estaremos muertos".

Podríamos decir que esto es muy cierto en lo que a propuesta de valor se refiere. Todo cambia y sobre todo lo que nuestros clientes quieren y valoran. No solo porque nos ponemos viejos, ¡sino porque la competencia no se queda quieta! Y siempre intentará superar todo lo bueno que se nos ocurra.

¿Recuerdan Palm, Nokia o Blackberry? ¿Recuerdan el gran éxito logrado entonces y su participación de mercado? Imagino a sus ejecutivos en grandes fiestas donde festejaban el éxito de sus lanzamientos y descubrimientos. Piensen dónde están esas marcas ahora...

¿En qué fallaron? No supieron renovarse y seguir poniendo foco en cómo mejorar su propuestas de valor, a la vez que sus competidores mejoraban y ofrecían algo nuevo todos los días.

Recuerde que a los clientes no hay que oírlos, hay que saber escucharlos; no hay que mirarlos, hay que observarlos, y por último converse con ellos.

Conclusiones

Una vez desarrollado este apartado, queremos dejar una síntesis de todo lo expuesto. En principio, recordar la importancia de determinar cuál es la propuesta de valor adecuada para cada uno de los segmentos de mercado en los que la empresa se involucra, y que los clientes eligen aquellas empresas que brindan una propuesta de valor adecuada respecto del sacrificio o esfuerzo que están dispuestos a realizar para satisfacer una necesidad, lo cual configura la fuente de generación de valor para una compañía.

Otra cuestión que debe analizarse es si siempre es conveniente tener una propuesta de valor superadora al resto del mercado. La pregunta que debemos hacernos es: ¿sirve agregar tal o cual valor al producto? Muchas empresas se empecinan en buscar diferenciarse a partir del concepto establecido que sostiene que es "primordial agregar valor" a los productos y servicios que ofrecen.

En realidad, es importante agregar valor en tanto sea percibido por el segmento y, fundamentalmente, si puede ser captado por la empresa a través de la variable "precio". Un valor agregado que no puede transformarse en ingresos configura solamente un costo relacionado con la producción del bien o servicio. En definitiva, si el cliente no se lo pide es porque no lo valora, y si no lo valora no lo pagará.

En cuanto a los beneficios que podemos destacar en la implementación de este Modelo PV-SET, son los siguientes:

- Nos permite verificar si estamos segmentando bien o no.
- Es una herramienta auxiliar para determinar la política de precios, la cual está incluida en la propuesta de valor.
- Posibilita el gerenciamiento de variables cualitativas.
- Permite que todos los integrantes de una organización conozcan fácilmente la propuesta de valor y sus implicancias.

Recuerde

- *El trabajo de segmentar requiere de un minucioso análisis de la información que tengamos y podamos obtener de nuestro público objetivo.*
- *El umbral mínimo de valor es la base sobre la que se podrán construir nuevas propuestas de valor. Son variables "excluyentes" en la consulta sobre pedido de valor.*
- *Para que una fuente de valor sea válida debe ser única y diferenciadora.*
- *Toda empresa que quiera perdurar en el tiempo y mantener estándares de calidad debe definir, a partir de las variables críticas, indicadores de control permanentes para que no se dispare ninguna variable crítica, y, si sucede, poder corregirla a tiempo.*

8. El marketing es solo para empresas grandes

Mi primer libro se llamó *¿Qué es eso del marketing?* y su principal objetivo era lograr que el mundo pyme entendiera realmente las virtudes y buenas prácticas en relación con esta disciplina, muchas veces subestimada o ignorada por los directores de las pymes.

Las pymes por lo general ven el marketing como algo para grandes empresas; esto se debe a que lo asocian con lo más glamoroso del marketing –la publicidad y grandes campañas de promoción. Seguramente en el imaginario del pyme, cuando le dicen marketing, se le aparecen marcas como Coca Cola, Apple o Ferrari.

Como ya adelantamos en el capítulo "El centro de gravedad de las pymes", hoy la estrategia y dentro de ella lo referido a lo comercial, son sin dudas el centro de gravedad o lo que mantiene vivas a las organizaciones, sin importar su tamaño.

El marketing está al alcance de la mano de toda pyme porque no se trata de presupuesto, se trata de comprender y dedicar tiempo a la estrategia.

El marketing moderno busca resolver problemas específicos para segmentos específicos. Pone foco en el problema, entendiéndolo como una carencia, sea esta referida a una necesidad básica o a un deseo.

Así, el éxito de un modelo de negocios se podría resumir en "segmentar el mercado en búsqueda de oportunidades para generar valor y diferenciación". Ampliemos un poco esta frase. Cuando hablamos de segmentar nos referimos a comprender que no podemos dejar contentos a todos y que cada segmento puede comprar el mismo producto, pero valora cosas distintas de él. Están quienes valoran el precio como principal variable de elección, también los que ponderan el servicio como la variable más importante, así como los que buscan el estatus que una marca puede brindarle entre sus relaciones. Si entendemos el marketing como un proceso, el primer paso es la segmentación. Abrir el mercado en la mayor cantidad posible de subpartes y que esto nos permita entender mejor a cada una. Esto ya fue explicado ampliamente en el capítulo PV-SET.

La propuesta de valor consiste, como ya explicamos, en lograr ser diferente y atractivo para un segmento en particular y así alcanzar ese tan preciado éxito comercial que impacta transversalmente en toda la organización.

Marketing es una actitud y una búsqueda permanente de mejora y progreso. Entender que cambiar no es una elección, es una obligación.

El buen uso del marketing nos aleja de la lucha por precio, de ser un *commodity* y nos permite ser admirados por nuestros clientes.

Paradójicamente, una de las habilidades naturales más frecuentes entre los pymes se relaciona con lo comercial. Por lo general los dueños de estas empresas son grandes comerciantes. Conocen su mercado y su producto y son buenos generando empatía. Pero estas habilidades podríamos asociarlas a la picardía o al hecho de que simplemente es lo que saben hacer. No obstante, es cada vez más habitual que, en las reuniones de consultoría, los pymes manifiestan que se les está complicando entender el mercado, y cómo esto impacta en sus ventas. O sea que les resulta más difícil vender, y esto se debe a que hoy no alcanza con solo administrar la demanda, hay que generarla y ser cada vez más profesional.

Cuando en las entrevistas llegamos al momento de hablar del área comercial (marketing + ventas) nos gusta dividirlo en dos partes.

Generación de demanda podríamos decir que es la misión fundamental del buen marketing y consiste en mucho de lo ya explicado: segmentar, diseñar la propuesta de valor, etc. Pero sobre todo, analizar los canales de comunicación y comercialización, que paradójicamente ¡son lo que más están cambiando!

Es en el mundo de los canales de comunicación donde más cambió el marketing en los últimos años, principalmente por el avance –a velocidad vertiginosa– de todo lo referido a lo on-line. Respecto a esto no me explayaré mucho en esta oportunidad pero responderé la típica pregunta: ¿tengo que estar en Internet? La respuesta es rotunda: sí; pero lo importante y para lo que debe buscar asesoramiento es en el para qué, cuándo y cómo. Es posible que el futuro de su negocio esté estrechamente relacionado con lo que decidan hacer y cómo logren adaptarse al mundo on-line.

El mismo impacto se da en los canales de comercialización donde hoy uno puede comprar lo que quiera y donde quiera a solo un clic de distancia. Lo mismo que en el caso anterior, importa comprender claramente adónde apuntan sus modelos de negocios y qué deberán adaptar, cambiar o inventar al respecto.

Mi recomendación general siempre será la misma: si quieren ser los mejores, intenten recurrir a los mejores. Inviertan en capital intelectual que les permita ser eficientes, y si van a gastar, háganlo bien.

El otro aspecto dentro del área comercial es lo que llamamos administración de la demanda o ventas. Aquí el foco debe estar en la eficiencia comercial, que consiste ni más ni menos que en medir cuántas consultas se transforman en ventas, y de esas ventas –que generan nuevos clientes–, cuántos se quedan y siguen en relación con la empresa, y cuántos se van y no vuelven. En mis años como consultor y docente he visto hasta el hartazgo cómo las empresas se obsesionan por conseguir nuevos clientes y no tanto por conservar a los que ya tienen, perdiendo así su capital más importante.

Entonces, ¿el marketing es solo para grandes? La respuesta es obvia y debería ser un aliciente para empezar a invertir y reconvertir su organización, considerándolo como un arma cada vez más valiosa y determinante.

9. El campo del vecino siempre es más verde

Esta popular frase argentina se usa mucho para hacer referencia a algo que es muy común también en el mundo empresario. Básicamente consiste en ver con admiración y cierta envidia a los demás, asumiendo que ellos siempre hacen las cosas mejor que uno. Esto no solo no sirve para nada, sino que muchas veces genera la imposibilidad de verse a uno mismo y poner el foco en mejorar sin necesidad de compararse con nadie.

Con esto no quiero decir que no sea válido observar el mercado, con sus fortalezas y debilidades, pero la mayoría de las veces la mejora depende en gran medida de nosotros mismos.

El pyme tiene que ser consciente de su posición en el mercado y para esto recomendamos recurrir a una de las herramientas clásicas del mundo de los negocios: el tan popular y conocido FODA.

FODA es una sigla que representa el estudio de las fortalezas, oportunidades, debilidades y amenazas de una empresa, un mercado, o sencillamente una persona; esta herramienta puede aplicarse a cualquier situación en la que se necesite un análisis o estudio integral.

Cuando nos referimos a fortalezas o debilidades, se trata de identificar cosas que hacemos bien o mal, pero siempre en comparación con el mercado o competidores. Al igual que en una carrera, uno puede ser lento o rápido dependiendo de quién sea el rival. Por otro lado, cuando nos referimos a oportunidades o amenazas siempre son situaciones potenciales; o sea que, si tal o cual situación se da en el mercado, podremos estar ante una oportunidad o una amenaza.

Cabe señalar que el FODA es una herramienta fundamental en la administración y en el proceso de planificación. De hecho, con este estudio podrán nutrir con información vital su plan de negocios, y dar fuerza a la "oportunidad"; podrán ver la situación real en la que se encuentra la empresa o proyecto, y podrán planificar una estrategia a futuro.

Cabe señalar que si existiera una situación compleja, con el análisis FODA pueden hacer frente a ella de forma sencilla y eficaz. Enfocándose así en los factores que tienen mayor impacto en la organización o en su vida cotidiana, si es el caso, podrán tomar decisiones eficientes y las acciones necesarias.

Además, el FODA ayuda a tener un enfoque mejorado, ser competitivo ante los nichos de los mercados a los cuales se está dirigiendo la empresa, disponer de mayores oportunidades en el mercado que se maneja al crear estrategias para una competencia más eficaz.

La diversidad de personas y las distintas perspectivas es lo más recomendable para realizar un buen análisis; todos los departamentos de una organización deberían participar y también los clientes.

Usualmente, para el análisis se usa una "plantilla de análisis FODA" con cuatro cuadros; lo primordial es que se sea sencilla y práctica para poder entender los resultados.

- **Fortalezas:** son las capacidades especiales con que cuenta la empresa, y que le permiten tener una posición privilegiada frente a la competencia, tales como recursos que se controlan, capacidades y habilidades que se poseen, actividades que se desarrollan positivamente, etcétera.
- **Oportunidades:** son aquellos factores que resultan positivos, favorables, explotables, que se deben descubrir en el entorno en el que actúa la empresa, y que permiten obtener ventajas competitivas.
- **Debilidades:** son aquellos factores que provocan una posición desfavorable frente a la competencia, como recursos de los que se carece, habilidades que no se poseen, actividades que no se desarrollan positivamente, etcétera.
- **Amenazas:** son aquellas situaciones que provienen del entorno y que pueden llegar a atentar incluso contra la permanencia de la organización.

Este es el proceso que deberían tener en cuenta para poder armar la matriz.

1. Definir el objetivo

Tener una perspectiva de cómo podría ser el nuevo proyecto en el mercado desde el principio hasta el final, ya identificado claramente el objetivo. El análisis FODA comienza a desarrollar su papel cuando ayuda en la búsqueda del mismo en el modelo de la planeación estratégica.

2. Desarrollar el FODA

A) Información de las fortalezas y las debilidades.
  – Crear una lista de las fortalezas actuales.
  – Crear una lista de las debilidades actuales.
B) Información de las oportunidades y amenazas.
  – Crear una lista actual de las oportunidades a futuro.
  – Crear una lista actual de las amenazas reales en el futuro.

Las listas deben contener información real y actual, con los puntos bien especificados y explicados sencillamente.

Luego, los cuatro elementos deben ser analizados por el equipo con el objetivo de:

- Evaluar las estrategias o procedimientos a seguir.
- Elaborar el plan de trabajo.

3. Ejecutarlo

Al identificar y evaluar los resultados FODA, se comenzarán a desarrollar las estrategias necesarias, ya sea a corto o largo plazo.

Para elaborar una matriz FODA, se debe hacer un estudio interno y externo de la organización; de esta manera se podrá seguir en el mercado sin contratiempos y responder al entorno –siempre cambiante– de manera eficaz y proactiva.

Asimismo, con un buen estudio y análisis, la empresa podrá cumplir con las metas que se haya trazado, ubicará sus puntos débiles y podrá transformarlos, de manera rápida y eficiente, en oportunidades. Entonces, ¿es útil ver el campo del vecino? ¡Claro que sí! Pero háganlo con metodología, comprendan a fondo qué es lo que necesita el mercado, y con la matriz FODA como aliada intenten ser ustedes los que estén en el campo más verde.

10. No encuentro profesionales para mi empresa

Ricardo me citó bien temprano en su oficina para tratar un tema urgente.

A las 8 en punto me encontré con él y su socio. El tema era que habían decidido echar a su gerente de planta ya que, según ellos, ¡no servía para nada! Y para serles sincero, desde el primer día que lo conocí, ¡tampoco yo creí que sirviera para algo!

Su convocatoria era para analizar el perfil del profesional que ocuparía ese puesto, ahora vacante.

Ellos comenzaron describiendo de manera típica lo que pretendían de un gerente. Yo solo me dediqué a escucharlos. Cuando finalizaron, les pregunté: "¿Se dan cuenta de que aquí tienen una gran oportunidad?". Oportunidad de dar el paso, de una vez por todas, para tener realmente un buen gerente que ocupara un puesto clave en su estructura.

Desde hace años venían probando y probando sin encontrarlo. Pero yo sospechaba las causas.

Días antes me había encontrado con un viejo amigo de la facultad que es ingeniero y que durante un largo rato me relató todo lo que hacía en su trabajo en su puesto actual como gerente de planta de una pyme. También me contó que estaba cansado de su trabajo y que tenía ganas de cambiar.

Yo conocía a esta persona y sabía de su gran profesionalismo y responsabilidad. Y por lo que contaba, él era casi casi el encargado de toda la empresa.

Parecía que todo se había alineado para aprovechar una gran oportunidad; así que recomendé que se reunieran lo antes posible con mi amigo. Y así fue que al día siguiente tuvieron una larga entrevista.

A la noche llamé a uno de los socios y le pregunté qué les había parecido el perfil de mi amigo y la entrevista. Su respuesta fue rotunda: "¡Nos encantó! Parece ser la persona que necesitamos y tiene nuestra misma forma de pensar la empresa". Recuerdo haberme dicho para mis adentros: "Qué buena suerte". Pero lo que vino a continuación me desinfló por completo: "Nos encantaría contratarlo, pero no podemos pagarle". Me vi obligado a preguntar cuánto quería cobrar, asumiendo que les había pedido una locura. Pero cuando me dijo el número, es verdad que era alto…, pero parecía justo.

Recuerdo haberme enojado –no me suele pasar con los clientes–, y le respondí: "Me parece que no entendieron nada; el tema en cuestión no es cuánto cuesta, sino que deberíamos verlo como una inversión, y pensar en qué nos puede aportar, cuántos costos nos puede ayudar a bajar, cuánto puede incrementar nuestra rentabilidad, cuánto tiempo nos liberará y muchas cosas más". Recuerdo también haberles dicho en un tono –tal vez no muy amigable–: "Menos mal que ustedes no son los directores del Barcelona, porque seguro nunca hubieran contratado a Messi, ¡porque era muy caro!".

Quiero decir que durante mucho tiempo no pensaba lo que ahora les diré, pero que hoy, sí creo firmemente en esto: "La gente hace la diferencia".

Sé que es difícil invertir en activos intangibles, pero créanme que si realmente logramos contratar a los mejores de entre los que estén a nuestro alcance, el efecto sobre la gestión será mucho mayor que la rentabilidad que nos podría dar la mejor inversión en algo alternativo. También aclaro que "profesional" no es necesariamente alguien con un título o un gran *curriculum*. Profesional es aquel que trabaja de forma profesional, que es especialista en algo, que tiene humildad para mejorar y aprender.

Ya hemos dicho que el secreto a medida que crecemos es la capacidad que tengamos como líderes para construir equipos de alto rendimiento con jugadores que se complementen, que se entiendan, que se critiquen entre sí con objetividad.

Para terminar este apartado, y basándome en mi experiencia, les digo que hay que intentar recurrir menos a conocidos o amigos de amigos a la hora de buscar profesionales; les recomiendo acudir a profesionales o consultoras que se ocupen de buscar perfiles, evaluarlos y presentar alternativas. Estos primeros filtros sirven para evitar pérdidas de tiempo.

También es clave ser profesional al momento de tener las entrevistas, y no dejarse llevar por las primeras impresiones; sugiero que en ellas participen especialistas en entrevistar y analizar las respuestas de los candidatos.

Entonces, ¿no encuentro profesionales para mi empresa?, ¿o en realidad no sé buscarlos y cuando los encuentro no estoy dispuesto a invertir?

La pregunta la hice yo, la respuesta deben darla ustedes.

11. Fijo muchos objetivos que nunca logro cumplir

En 2013 fui convocado para dar una de las famosas conferencias TEDx. Uno de los organizadores me había visto en un curso que había dado en la ciudad de Villa La Angostura en el sur argentino; en ella hablaba sobre fijación efectiva de objetivos y ese tema en particular le gustó mucho. Al llamarme me dijo: "Quiero que des una conferencia TEDx que hable sobre fijación de objetivos".

La idea me encantó y comencé a investigar más sobre el tema. La conferencia se terminó llamando "El No ya lo tienes" y hasta hoy ha sido vista por más de 100 mil personas en YouTube.

Casualmente, una de las problemáticas más recurrentes entre los pymes está relacionada con este tema. Fijan muchos objetivos que no llegan a cumplir y con ello vienen la pérdida de liderazgo, la desmotivación y las frustraciones.

Los seres humanos muchas veces fijamos objetivos solo con la intención de calmar ansiedades: a esto lo llamo "la trampa de los objetivos". Algo nos tiene mal, intranquilos, angustiados..., entonces fijamos un objetivo que supuestamente va a resolverlo, y momentáneamente nos sentimos un poco mejor. Es como una droga que le dice al cerebro: "Tranquilo, ya estamos trabajando en ello".

Para poner un ejemplo de la vida cotidiana, ¿cuándo empiezan las dietas? Me arriesgo a decir que la respuesta será: ¡los lunes! Esta pregunta la hice en 15 países y en todos y sin dudar la gente dice: "¡Los lunes!" ¿Por qué?. "Porque ya que voy a comenzar con esa tortura, ¡¡me despido!! ¿Cómo? Ja, ja…, ¡comiendo!"

Suena raro, ya que se supone que el objetivo es bajar de peso; pero ni bien lo fijo, empiezo a trabajar en su contra –ya que si me despido bien, ¡en un fin de semana puedo sumarle un par de kilos al asunto!–. En fin, cosas que pasan.

Ahora bien, el lunes nunca estuviste tan decidido a algo en tu vida; llegás a tu oficina con bandejitas llenas de cosas dietéticas, yogurt bajas calorías y tres botellas de agua mineral. Todo marcha bien, hasta que te llama tu secretaria y te recuerda que ese lunes vienen los mejores clientes y que ya reservó en la parrilla más conocida de la ciudad. Lamentablemente, este lunes no vas a empezar, quedará para el próximo. Pero el próximo es el cumpleaños de tu amigo el chef, y así todos los lunes, hasta el lunes número cincuenta. Ese lunes aparece un sentimiento que todos hemos sentido y volveremos a sentir: frustración.

¿Cuál es el riesgo de la frustración? Que cuando una persona se siente frustrada deja de fijarse objetivos, y eso es lo peor que le puede pasar. Una persona sin objetivos es una persona a la deriva.

Pocas cosas les darán tanto liderazgo en su organización como ser buenos fijando objetivos; la gente ama a las personas que se fijan objetivos y los cumplen.

Dicho todo lo anterior, es momento de ponernos a trabajar y tomarnos más en serio el asunto; y recuerden que en el mundo de los objetivos, menos es más. Conviene fijar pocos objetivos y cumplirlos, que muchos y frustrarnos.

Cada vez que fijen un objetivo, deben dotarlo de cuatro componentes básicos e imprescindibles. No solo para los suyos, sino para los de su equipo de trabajo. Ustedes deben ayudar a que sus gerentes cumplan sus objetivos, ya que no son solo de ellos, son también suyos y de toda la organización.

Recuerden que muy pocos objetivos están aislados del resto, siempre el cumplimiento o no de uno, impacta en el resto.

Los componentes son:

1. **Tiempo:** todo objetivo debe tener un tiempo para su cumplimiento. Este tiempo no es algo aleatorio, no debe ser solo anual, debe durar lo que el objetivo requiera para poder cumplirse. Si es un año, es un año, pero pueden ser dos o tres, o solo una semana. Lo importante es poder dimensionarlo y definir tiempos intermedios para su medición.
2. **Medición:** todo objetivo debe ser medible. Tenemos que definir cómo vamos a medir su avance en cada momento. Esto nos permitirá ir corrigiendo los desvíos y, de ser necesario, avisarles a quienes puede afectar el cumplimiento o no de nuestro objetivo.
3. **Presupuesto:** todo tiene un costo y los objetivos también; subestimarlo u obviarlo puede ser un grave error. Es vital poder contar con un presupuesto y atarnos a él.
4. **Coherencia:** quiere decir que todos los objetivos deben ser coherentes con la estrategia general de negocios. Muchas veces fijamos objetivos que suenan bien pero que no tienen que ver con la estrategia general del negocio. Siempre debemos preguntarnos: Este objetivo, ¿suma a la estrategia?, ¿tiene sentido?

Los objetivos son el corazón de la organización y los que regulan la velocidad en la que esta puede llegar a cumplir su visión y misión; por ende, es una de las máximas responsabilidades de un gerente general.

Compartan sus objetivos e inviten a sus gerentes a que compartan los suyos. No solo a nivel empresarial, sino también personal. Conocer los objetivos de los colaboradores les permitirá conocer lo más profundo de cada uno y de esta forma ayudarlos a mejorar.

Existen dos ingredientes fundamentales para cumplir los objetivos: la motivación y el deseo auténtico. Sabremos si realmente deseamos los logros que nos hemos propuesto cuando estemos siguiendo disciplinadamente los pasos a pesar de las dificultades. Cuando el deseo es intenso, los obstáculos son un juego de niños; cuando el deseo es pequeño, cualquier contratiempo se nos antoja enorme.

Una de las preguntas que frecuentemente hacen los directivos está relacionada con la estrategia, bien sea para objetivos personales o profesionales. Sin duda que la estrategia es importante, pero no es lo más importante. Lo que sí resulta básico es definir los objetivos de la manera más específica posible. Cuanto más detallado sea, más fácilmente lo conseguirán.

Finalmente, es importante intentar que nuestros objetivos coincidan con aquello que la sociedad espera de nosotros. En este sentido existen dos tendencias igualmente dañinas: una es renunciar a nuestras aspiraciones por las de los demás, y la otra es desestimar las necesidades ajenas por seguir nuestros planes. Siempre debemos tener en mente que nuestra naturaleza humana conlleva dos aristas que se conjugan: la individualidad y la sociabilidad. Nuestros objetivos, y sobre todo las acciones o prácticas que realizamos para concretarlos, no pueden atacar los derechos o bienes de otros, y para su concreción debemos siempre obrar de manera transparente y honesta.

Claro que la frase "el fin justifica los medios" se escucha de manera recurrente en la vida cotidiana, y refiere a que cualquier cosa está permitida porque el fin lo justifica, porque estamos detrás de un objetivo, un fin que deseamos o necesitamos lograr.

Los objetivos, como dijimos, están presentes en todos los aspectos de la vida, y una organización o asociación también necesita de ellos: un grupo de personas que se reúnen con el fin común de ayudar a otras personas con determinada enfermedad, en una comunidad en particular, necesita de objetivos precisos que les permitan desarrollar su proyecto, recaudar fondos, organizar actividades y eventos, buscar patrocinadores, etc. Un equipo de vóley tendrá como objetivo lograr sucesivos triunfos que le permitan ganar tal o cual competencia; en una investigación, un científico requerirá de objetivos precisos que guiarán su trabajo y le permitirán arribar al resultado deseado.

Entonces, ¿cómo están fijando objetivos en sus empresas?, ¿les importan los de sus colaboradores?, ¿tienen una metodología para desarrollarlos?

Si la respuesta es no, ¡les propongo fijarnos un objetivo!

12. El día a día me consume

El tiempo siempre fue algo que me obsesionó, no tengo claro bien por qué, pero siempre lo vi o sentí como un recurso muy valioso. Desde pequeño intenté usarlo bien. Mi segunda conferencia TEDx se llamó "Tiempo al tiempo" y hablaba precisamente de este tema.

Cuando somos jóvenes creemos que el tiempo es eterno, nos sentimos inmortales. Luego ya de adultos nos damos cuenta de que pasa rápido, y quienes de pequeños no tomaron buenas decisiones en cuanto a su uso, lo sufren de grandes. Finalmente llegamos a la vejez: el primer momento de nuestras vidas en que queda menos tiempo por transcurrir del que ya pasó.

El pyme se refiere en muchas ocasiones a su día a día como un infierno que se va volando; "Necesito un día de 40 horas para poder hacer todo lo que tengo que hacer", suelen manifestar. Pero muchas veces no se trata de cantidad, sino de calidad.

"Tenemos que juntarnos a tomar un café", le dijo un amigo a un pyme. ¿Cuál creen que fue la respuesta?

Es frecuente escuchar que el pyme no tiene tiempo para nada y realmente suele ser así. El problema no es solo no tener tiempo o sentir que no lo tienen, sino ver en qué lo están utilizando.

Como ya hemos dicho en otros apartados, el pyme intenta estar en todo, en lo más mínimo y en lo más importante, y no se da cuenta de que solo está en lo operativo. Si no logra alejarse de lo operativo jamás podrá enfocarse en lo realmente importante: la estrategia, sin la cual la empresa está a la deriva y rezando a los cuatro vientos para que todo siga igual.

Naturalmente algunas personas son buenas administrando el tiempo, pero la mayoría no. Muchos no pueden superar la urgencia de las tareas, que *a priori* parecen importantes, pero que no lo son. La clave consiste en ir subiendo en la escala de problemas que atacamos y poner foco en los temas realmente importantes, pero que muchas veces no son urgentes; al no serlo, quedan relegados para cuando haya tiempo, algo que nunca pasará.

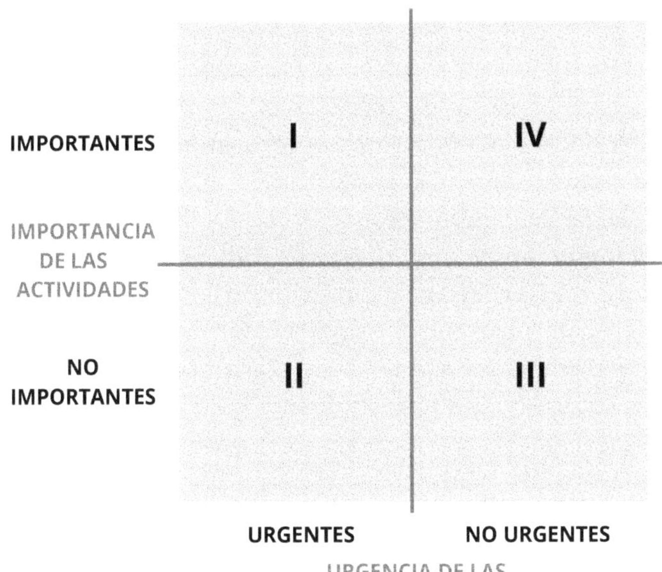

En el libro de Stephen Covey, *Los 7 hábitos de la gente altamente efectiva*, él describe esta matriz donde por un lado están las actividades según su grado de importancia, y en el otro, por su urgencia.

Así se generan 4 cuadrantes:

- **Importantes y urgentes (I):** es natural que este cuadrante nos robe mucho tiempo, ya que son cosas que deben ser resueltas y son críticas para la gestión diaria. Un gerente general suele ser el que administra estos temas; no obstante, en la medida que pueda es importante ir delegando su tratamiento en personas de confianza dentro de la estructura. Por otro lado, es bueno intentar que no haya muchos temas urgentes e importantes todo el tiempo, ya que esto genera mucho estrés.
- **No importantes y urgentes (II):** son tareas que alguien define como urgentes, muy urgentes, pero que cuando las analizamos en detalle observamos que no son importantes. Nos roban mucho tiempo, generan estrés y aportan muy poco. Muchos gerentes recurren a esto solo para ver a la gente ocupada o porque se obsesionan con cosas que no tienen ninguna utilidad. Por ejemplo: solicitar miles de reportes, informes, etc., que en la práctica no se utilizan para tomar ninguna decisión importante, ¡pero son urgentes!
- **No importantes y no urgentes (III):** a este cuadrante se lo llama "los ladrones del tiempo" y son actividades que no son relevantes, pero que por alguna razón nos roban tiempo. Un claro ejemplo de esto en la era digital son los celulares a los que recurrimos en todo momento para verificar una red social, leer una noticia de poco valor periodístico o lo que sea. Estos aparatos son diseñados para entretener y hacer que el tiempo vuele, el problema es que ese tiempo que vuela, es tiempo valioso para ser utilizado en otros aspectos de la vida personal y profesional. Debo confesar que a veces yo tam-

bién suelo caer en la trampa. Se encuentran en este apartado las reuniones sin sentido, los eventos sociales por compromiso, etcétera.

- **Importantes no urgentes (IV):** finalmente llegamos al cuadrante más importante de todos. Aquí se encuentran esas actividades que realmente son importantes para nuestro futuro, pero que como no son urgentes quedan relegadas para otro momento. Por ejemplo: ¿la salud es importante para usted? Con seguridad responderá que sí. Ahora bien, si usted se siente bien, sin ninguna dolencia, es posible que dedique poco tiempo a visitar al médico o a realizar actividades que ayuden a que siga así. ¿Cuál es el riesgo de no dedicarle tiempo a cosas importantes? Que un día, por alguna razón se vuelven urgentes y en ese momento muchas veces es difícil actuar a tiempo y de manera eficiente. Es la típica situación donde el médico le dice, lamentándose: "Qué pena, si hubiera venido hace tres meses habríamos evitado la operación, ahora ya es tarde".

Dentro del mundo de los negocios podemos encontrar la estrategia, la prevención, la formación o capacitación, entre muchas otras actividades, que sin duda son vitales para el futuro, pero que suelen ser desplazadas por otras más "urgentes".

No diré nada innovador si afirmo que el día dura lo mismo para todos; no obstante, para algunos ese día rinde más que para otros.

Recuerden que su tiempo es muy valioso y de esta forma podrá ser más fácil distinguir si está bien o no que sean ustedes quienes hagan determinada tarea, o si deberían delegarla para poder concentrarse en algo realmente importante.

Existe un ejercicio muy sencillo para realizar junto a su equipo de trabajo. Deben listar todas las actividades que tienen planificadas o que ocupan parte de su rutina en los próximos 15 días. Luego deben asignar un grado de importancia de 0 a 5, y un grado de urgencia, también de 0 a 5. Una vez que hayan colocado los números, deberán volcarlos en función de la combinación de los ejes del diagrama y ver dónde caen la mayoría de las actividades. Si caen en el cuadrante I y IV están usando bien su tiempo, aunque deberían disminuir las del I para bajar su estrés. Si tienen muchas en los cuadrantes II y III rápidamente deberán decidir acciones. Y recuerden que el cuadrante IV es el más valioso.

Finalmente el tiempo es el tiempo y por mucho que queramos no podremos estirarlo, y el que ya transcurrió se fue para nunca volver.

Les propongo evaluar el uso de su tiempo y trabajar para ser más eficientes y así sacarle el máximo provecho posible. Siempre sin olvidar incluir en su tiempo lo más valioso: su familia y amigos, como así también tiempo de esparcimiento que les servirá para pensar y para que surjan las grandes ideas que pueden cambiar sus vidas.

13. Sé por qué pero no para qué tengo mi empresa

Por **Julián "Gaita" González**

Si me preguntan por qué sentí la necesidad de ser un empresario pyme, la respuesta no exige gran esfuerzo: sentí la necesidad ineludible de ser independiente. La pregunta que realmente importa es "para qué", y no es formulada con la frecuencia que su relevancia demanda. De todos modos, siempre aprovecho la ocasión para subrayar lo importante que es tener un objetivo claro que vaya más allá del simple deseo de independencia propio de todo emprendedor. El porqué solo es un punto de partida, mientras que el "para qué" es una razón de ser. El para qué es nuestro porqué dotado de valor social. O dicho más claramente: el porqué contiene nuestro deseo de progreso y bienestar individual, mientras el para qué se caracteriza por la conexión del deseo individualista con un propósito mayor: mejorar la calidad de vida de las personas.

La gran pregunta

¿Cómo se transforma una empresa soñada en una empresa real? ¿Cómo se concreta en la realidad un sueño deseado? Sería ingenuo creer que existen fórmulas mágicas, y más grave sería convencerse a sí mismo de que basta proceder con la convicción mesiánica de un líder carismático para lograr que un deseo realmente se materialice. Ser positivos y optimistas está muy bien, pero no alcanza. Quien se priva de pensar la realidad a partir de ella misma, se incapacita para hacer emerger una coherencia, un sentido, una dirección acertada. La realidad le da a los emprendedores lecciones que siempre es útil recibir.

La importancia del para qué

Las empresas no son amores, son visiones. Nadie puede asegurar que vamos a disfrutar siempre del recorrido. Y como nunca faltará quien no comprenda nuestro empeño y dedicación, es crucial que nosotros sepamos que lo que sentimos por nuestra empresa no es amor, sino compromiso. Un compromiso real con nuestra visión empresarial. Necesitamos encontrar fuentes de entusiasmo, hoy y siempre. ¿Qué nos impulsa a ser empresarios? ¿Qué deseamos cambiar en nosotros mismos? ¿Qué deseamos generar en los demás?

Mejor les hablo desde la propia experiencia que tengo como empresario pyme. Hace no mucho tiempo fui gastronómico. ¿Mi por qué? Ser independiente. ¿Mi motivación social? Abrir un restaurante que brindase un almuerzo diferente para los ejecutivos y los oficinistas del microcentro porteño, siempre atrapados en el apuro de hallar un menú de calidad rico, rápido y barato. He aquí entonces mi para qué, y me gusta recordar cómo captó su esencia la prestigiosa revista *JOY*, que en su breve descripción del restaurante destacara que en él se producía "... un ambiente distendido que parece eternizado en un *casual Friday* ...".[9] Mis años al frente del negocio fueron prósperos e inolvidables. Hice grandes amigos y nunca dejé de experimentar la satisfacción de haber generado un espacio de distensión marcado por la sencillez y la primacía de la mejor relación calidad-precio.

Me salí del negocio gastronómico por decisión propia, cuando mis intereses se orientaron hacia la docencia. Muy pronto me di cuenta de lo mucho que me entusiasmaba el oficio de la consultoría, y supe sin dudas que había encontrado un nuevo punto de partida. Vendí entonces mi querido restaurante en pleno auge. Y lo hice para realizar mi nueva visión. Hoy soy consultor y socio de Set Consulting, conferencista, director del Programa de ventas y docente de la Escuela de Negocios de la UCA, y en todo momento siento el mismo entusiasmo que sentí cuando inauguré aquel restaurante que cambió mi vida, y que seguramente alegró también la vida de otros.

¿Crisis? ¿Qué crisis...?

Durante mis prácticas de consultoría, y sobre todo cuando el público que asiste a mis conferencias –compuesto siempre en su mayor proporción por inquietos emprendedores y empresarios pymes– comparte conmigo sus inquietudes, escucho con suficiente frecuencia esta evidente expresión de descontento: "¡No sé para qué tengo mi empresa! Tenía un sueño al comienzo, pero hoy lo siento cada vez más lejos, más inalcanzable...". Muchos empresarios reconocen sin dudar que han entrado en una crisis, y más de uno se siente atrapado en una situación de desconcierto respecto de su original punto de partida, de su porqué, e incluso de su para qué.

---

9   Cecilia Boullosa: "8 lugares para almorzar en el Microcentro por menos de $35", en revista *JOY*, 20/03/2011.

Recuerdo una conversación que mantuve hace poco con un cliente que se sentía insatisfecho, y que no dejaba de hacer hincapié en la frustración que sentía por no poder cumplir sus objetivos, por la presión y la responsabilidad que le generaba tener un equipo de trabajo a su cargo, por las dificultades de administrar el tiempo para estar con su familia, o para practicar su deporte preferido o hobbie, por el estrés derivado de la agitación de su agenda diaria, o de tener que lidiar con el fisco, o con el banco... Me decía –un poco enojado–: "¿Independencia? ¿Qué es eso? Hoy siento que trabajo las 24 horas del día, los siete días de la semana y no me alcanza el tiempo...". Y luego disparó: "Volvería a trabajar en la empresa en la que estaba tan cómodo... [...] A quienes me piden un consejo, siempre les recomiendo que no tengan una empresa propia...".

Advertí rápidamente lo que le ocurría: mi cliente había perdido el norte, como se dice. Su "para qué" se había esfumado por completo. Su sueño, cargado inicialmente de emociones positivas, se había contaminado en el camino con miedos, culpas y presiones nocivas; se había cargado de energías negativas que lo estaban dominando a él, e incluso estaban sofocando el magnífico potencial de su empresa. Hice entonces mi trabajo de consultor: estudié su caso con la mayor objetividad posible y lo invité a pensar creativamente en nuevas propuestas de valor. Mi cliente lo comprendió enseguida: debía potenciar las fortalezas de su empresa y sobreponerse a la negatividad que lo abrumaba. Nada estaba perdido. Había que transfigurar las energías negativas en positivas y descubrir un nuevo punto de partida, un nuevo porqué, con la mira puesta en reconstruir su para qué. Y así lo hizo.

¿Qué nos enseña la realidad cuando se muestra adversa? Que en las empresas, como en las personas, la carga constante de negativismo a partir de percepciones trágicas –por falta de un adecuado régimen de autocrítica–, a menudo genera dolores y temores que hay que enfrentar, desarreglos y trastornos que no se pueden superar a partir de la aceptación acrítica de consejos formulados por colegas, familiares o amigos proclives a sentirse en la obligación de mejorar nuestro ánimo y decirnos lo que queremos escuchar. Hay muchos y buenos especialistas que nos pueden ayudar. Y recordemos esto: la realidad siempre nos da lecciones que es útil recibir.

¡No seamos derrotistas! Todo es cuestión de estar despiertos, de ser autocríticos, de ser sensatos con nosotros mismos y con los demás, de asesorarnos con especialistas, de no perder de vista jamás la realidad, de formar equipos con profesionales competentes, de entrenarlos, de escucharlos, y por supuesto: hay que mantener siempre intacto el recuerdo de la chispa inicial de nuestro entusiasmo, la que nos impulsó a crear nuestra empresa: mejorar la calidad de vida de las personas.

¡Y la nuestra!

14. Cómo convivir mis socios

"¡Mi socio me tiene harto! ¡Siento que yo voy para un lado y él para el otro!", exclamó Juan luego de una semana difícil.

Las relaciones humanas son complejas por definición, pero en muchos casos son indispensables para poder avanzar.

En mi vida empresaria he pasado por etapas de tener socios y de ser el único a cargo. Debo decir que si bien la primera no es sencilla, la elijo siempre. Es importante poder tener socios para compartir los buenos y sobre todo los malos momentos. Ahora bien, aprendí que para que una sociedad funcione se tienen que dar algunos requisitos básicos.

Claridad en los roles: lo más importante es que así como un nuevo gerente debe tener claro su rol y responsabilidad, los socios también. Debemos escribir en un hoja qué hace cada uno, siempre intentando que esto tenga relación con sus habilidades naturales. Es más, si fuera posible que los socios tuvieran habilidades distintas, mejor aún.

Tener claridad sobre los roles también permitirá evitar uno de los errores más comunes en el día a día: Juan dice A y Pepe dice B, esta situación es la preferida de los empleados porque les genera la posibilidad de decir: "Qué querés que haga si tal o cual me dijo B, y vos me decís A".

La coordinación a nivel gerencial es clave. Deben aprender a morderse la lengua y discutir las cosas en el tiempo y lugar correspondiente.

Respeto: debemos respetar a nuestros socios con sus defectos y virtudes. No esperemos cosas que sabemos que no vamos a encontrar. Seamos sinceros y directos y paremos la pelota a tiempo. Mostremos siempre nuestros intereses y no escondamos lo que nos molesta. Es posible que pasemos más tiempo con nuestros socios que con cualquier otra persona en la vida; sin respeto es imposible convivir.

Puede ser que su socio sea un amigo o su pareja, también puede ser su padre o sus hijos. Sin importar el rol, es importante separar lo personal de lo laboral, sé que es muy difícil, pero es realizable.

De ser posible es importante contar con un consultor y con un directorio. El consultor les servirá para discutir temas en los que no logran acordar, y con objetividad darles opciones para que analicen.

El directorio puede ser un interesante espacio al cual recurrir cuando hay algo en disputa o algún desencuentro. En un directorio no hay roles más importantes que otros y hasta pueden integrarlo asesores, gerentes o ex directores. El propósito del directorio es preservar los objetivos de la organización por sobre los de las personas individualmente.

Objetividad: ya hemos hablado de esto y volvemos a nombrarlo. Recuerden enfrentarse a los problemas de manera objetiva, eviten a toda costa subjetividades. Preparen bien los argumentos antes de plantearlos, el solo hecho de hacerlo muchas veces resuelve el problema sin necesidad de enfrentamiento. En sí, una sociedad es regida por las leyes de la negociación, esta se da cuando hay intereses contrapuestos o en conflicto, pero muchas veces no significa que no quieran el bien común, sino que simplemente están en desacuerdo. Recuerden que en una negociación no gana uno, deben ganar todos, de ahí el famoso *win-win* (todos ganan).

Planteen las cosas con claridad y encuentren pruebas, ejemplos claros que sirvan para darse a entender. Lleven a la mesa opciones para resolver el problema o mejorar su punto de vista.

Equilibrio y justicia: Dicen que las cosas se rompen cuando se rompe el equilibrio, pero sabemos que pocas veces las cosas están en un equilibrio perfecto. A su vez debemos ser justos y que cada parte se lleve lo que le corresponde en función de lo que aportó a la empresa. Esto visto desde dos ópticas que muchas veces se mezclan.

a) **Sociedad:** se supone que cada socio ha aportado algo, ya sea capital o trabajo, y eso lo hace acreedor de acciones. Esas acciones le permiten acceder a los dividendos, respecto de los cuales, una vez al año, luego del balance, debemos decidir qué hacer. Este punto no se discute, y si no nos parece justo que uno de los socios que aportó capital inicial o lo heredó se lleve parte de las ganancias, aquí sí tenemos un grave problema. En tal caso tenemos opciones, como por ejemplo comprarle sus acciones o venderle las nuestras.

b) **Trabajo:** es común que muchos socios trabajen dentro de la empresa en alguna función específica. Pero a fin de mes todos los socios se llevan lo mismo, independientemente de sus responsabilidades o puestos dentro de la empresa. Si esto sucede, recomiendo resolverlo urgentemente. Hay que separar lo que ganan en concepto de sueldo de lo que obtendrán por ser socios de la empresa. Esto no solo es justo, sino que vuelve más realista a la empresa y la prepara para el caso de que, si algún día uno de los socios cambia de rol o se va, el sueldo por el trabajo que hacía, ya esté contemplado. Se lo debe fijar en relación con lo que cobra una persona con capacidades y puesto similares a los suyos; no es lo que ustedes necesitan para vivir, eso vendrá luego si la empresa es rentable. Así que, como cualquier mortal, ustedes tendrán un salario.

Como todas las relaciones humanas muchas veces pasan por buenos y malos momentos, no es recomendable forzar las situaciones; pero sí es importante agotar todas las posibilidades hasta que pase una de dos cosas: o bien logran resolver la situación y la sociedad florece, o se dan cuenta que ya no da para más, que es irreparable o muy difícil. Si se da la última de las alternativas, cuanto antes suceda, mejor.

Recuerden que todos tenemos fortalezas y debilidades, pongan foco en sus fortalezas y busquen socios que los complementen en sus debilidades.

15. Estoy harto de las reuniones inútiles

*Por **Jorge Hambra**[10]*

Si bien en este capítulo Jorge Hambra se refiere en muchos momentos a la empresa familiar, que es su especialidad, todo lo visto es 100 % aplicable a otro tipo de sociedad, sin que sea excluyente el tema familiar.

Como hemos dicho, no es bueno estar solo en la gestión de una empresa, y para esto es clave ser humilde y abierto a otras opiniones; muchas de afuera, de un posible consultor, pero muchas y seguramente más están adentro, entre sus socios y equipo.

Las reuniones de trabajo, en especial en las empresas familiares, funcionan como la lámpara mágica de Aladino. Para quien no la sabe usar es un cacharro viejo que no sirve para nada; pero, si conocemos los secretos de su uso correcto, ese mismo cacharro se convierte en una fuente de riqueza, no solo en lo material, sino también en aspectos tan esenciales como sustentabilidad, profesionalidad, armonía familiar y felicidad a largo plazo.

Las reuniones de trabajo son la herramienta más poderosa con la que cuenta una empresa a la hora de encarar cuestiones sobre

---

10 Jorge Hambra es uno de los máximos referentes de Latinoamérica en temas relacionados con el trabajo en equipo, empresa familiar y liderazgo organizacional.

conducción, coordinación y generación de nuevas acciones. Ahora bien, si esto es verdad, ¿por qué tienen tanta mala fama?

Las reuniones de trabajo son la mejor oportunidad para convertir las quejas en problemas y los problemas en oportunidades.

Sucede que, cuando son mal gestionadas, suelen ser eternas, con gran ausencia de participantes, sin un propósito en particular, sin un resultado concreto.

Esto ocurre porque tienen problemas de estructura y de dinámica tales como:

- Pérdida de sentido de finalidad: se convocan sin un propósito claro.
- Se cita a la gente equivocada.
- Carecen o no se respetan los límites temporales (se pueden volver eternas).
- Falta el compromiso de los participantes para asumir los acuerdos que se establecen.
- No se presta la escucha requerida, hay participantes que monopolizan la palabra y otros que permanecen en la pasividad y a los que no se les suele preguntar qué piensan.
- Se producen acuerdos tácitos.
- No se registran las conclusiones.
- No se hace seguimiento de las decisiones.
- No se nombran responsables de los proyectos que se encargan.

En consecuencia, los participantes tratan de evitarlas, las reuniones desaparecen como herramienta formal de gobierno y son reemplazadas por los encuentros informales en los pasillos.

Además, en las empresas familiares se agrega otro problema: si las reuniones se hacen sistemáticamente, tarde o temprano, obligan a hablar de temas de los que no se quiere hablar y esto fomenta que se instalen pensamientos tales como:

- "Si toco este tema, él me va decir esto y yo voy a reaccionar de tal forma."
- "Para qué nos vamos a reunir si nosotros hablamos todo el tiempo."
- "Acá venimos a trabajar, a hacer-hacer-hacer; en consecuencia, no se puede perder el tiempo con reuniones."
- "Tengo una agenda tan complicada que no puedo agregar más reuniones."
- "Si nos reunimos, él va a volver sobre el tema del ingreso de sus hijos. Mejor no generar ese espacio porque creo que si hablamos del asunto, la conversación va a terminar mal."

De esta manera, las personas prefieren seguir hablando de temas típicos del negocio, como qué está pasando con los clientes, con las ventas, con los empleados, etc., de modo informal y anárquico y seleccionando con quién se habla (o no se habla) qué, dónde y cuándo. Por ejemplo, prefieren hablar sobre la escala salarial del personal, cuando en realidad lo que quieren tratar es cuánto está ganando el sobrino que acaba de ser nombrado, casi unilateralmente, como gerente general. De esta manera, ese tema se hablará con las personas inadecuadas, en el lugar equivocado y de la manera incorrecta; llevadas así las cosas, no van a terminar bien.

Cómo hacer reuniones efectivas

En principio, como si fuéramos en un viaje de aventuras, nos conviene revisar el equipaje. Cuando hice el Camino del Inca, recuerdo no haberlo hecho en profundidad. Así, en el segundo día, luego de subir y bajar escaleras durante ocho horas, comprendí lo importante que hubiera sido no llevar algunas cosas y sí otras. Y no estoy hablando de los dos libros que eran el costo asociado de mi negocio. Por ejemplo, no llevé un palo o *stick* de apoyo, que era muy necesario y que tuve la fortuna de que me prestara un generoso y previsor holandés que había llevado dos; y sí cargué una campera con abultado relleno, un *sweater* de lana y un par de zapatillas que nunca usé.

Pero ya era tarde y había que aguantar con lo que había: el peso insignificante que representaba mi mochila al comienzo de la travesía, a la mitad se había convertido literalmente en un elefante subido a mi espalda que tiraba para abajo. De haberme tomado el tiempo de programarlo mejor, no hubiera sufrido los dos días que aún quedaban por delante.

Con las reuniones de trabajo pasa lo mismo. Nunca sabremos lo que realmente va a pasar en ellas, pero todo lo que hagamos para anticiparnos nos aliviará el camino y en más de una ocasión será la clave para lograr el éxito.

A continuación les presento el equipaje mínimo y necesario con que deben contar:

Propósito. Debe ser claro y estar expresado por escrito. Por ejemplo: analizar el informe de gestión del mes anterior; decidir compras tácticas; revisar la política de remuneraciones del semestre y plantear las decisiones para el mes siguiente. De esta manera, quedará delimitado el "para qué estamos acá". Debe estar presente y no perderse de vista durante toda la reunión.

Al respecto, deben distinguirse claramente las reuniones en que se trabaje estrategia de negocios de las que correspondan a estrategia familiar. Ni su estructura, ni su dinámica, ni sus participantes, pueden ni deben ser los mismos.

Participantes. Conforme a los temas que se van a tratar, se debe fijar quiénes serán los participantes que deberán asistir y el momento en que ingresarán a dicha reunión.

Convocatoria. Los participantes deben conocer con antelación el propósito de la reunión, así como el día y horario de inicio.

Información. Los participantes deben tener claro qué informes deberán preparar para presentar en la reunión.

Prioridades. Es conveniente comenzar por los temas que tienen mayor urgencia o los que son de rápida resolución ya que, hacia el final, pueden quedar asuntos sin tratar y estos nunca deben ser los vitales, por lo menos en lo inmediato. Si hubiera temas que, por no ser urgentes quedaran relegados de manera recurrente, será necesario armar una reunión específica para abordarlos.

Análisis. Cuando se plantea un tema, es conveniente contar con algunas herramientas técnicas para estimular el análisis. Por ejemplo, un mapa mental o una espina de pescado para hacer un análisis multifactorial de causas.

Coordinación. Debe haber un coordinador designado, que tenga el suficiente poder como para llevar adelante la reunión y esté atento a que no se desvíe de su propósito. Es el encargado de convocar a los participantes, hacerles llegar el temario y controlar que no se excedan de los tiempos acordados.

Acta/memoria. Es necesario tomar notas sintéticas de las discusiones, los acuerdos y las resoluciones, como así también, registrar en manos de quién queda encargada su ejecución (*Project leader*). La memoria, que será enviada a todos los participantes, dará cuenta de la realidad de lo conversado, si no es corregida en forma inmediata.

Duración. Debe ser lo más breve posible, teniendo en cuenta la importancia de los temas a tratar. En caso de que no alcance el tiempo acordado, es preferible generar una nueva reunión antes que extender la presente *ad infinitum*. Se debe desarrollar un cronograma que indique qué temas se tratarán y cuál es el tiempo previsto para cada uno de ellos.

Cierre. Para cerrar la reunión, se deben establecer los acuerdos alcanzados a partir de cada una de las discusiones y los compromisos asumidos por los participantes para el próximo encuentro. Estos acuerdos deben constar en las notas que luego serán enviadas a todos los participantes.

Trampas comunicacionales más comunes

Además del equipaje mínimo, sería ideal contar con algunas herramientas que permitieran salir de las situaciones más comunes que bloquean la productividad de las reuniones. El primer paso consiste en identificarlas.

Apropiación de la palabra. sucede cuando hay personas que sin darse cuenta (o adrede) llenan todos los espacios de conversación con sus opiniones y descripciones. Esto termina desalentando la participación de los demás miembros, empobreciendo los análisis, monopolizando las decisiones y quitando la motivación del resto para estar y opinar. Además de la posibilidad de hablar con la persona en cuestión para que aprenda a escuchar y limitar su participación, hay un método de intervención que suele dar resultado inmediato. Consiste en interrumpir al hablante y dirigirse a otro integrante de la reunión, que uno sabe que tiene algo para aportar, con una pregunta simple tal como. "¿Y vos qué opinás de esto, Luis?".

Enfrentamiento personal. algunas veces las discusiones comenzarán por tratar temas de trabajo y pasarán inadvertidamente a convertirse en batallas personales de egos. En esos casos conviene detener la discusión centrada en posiciones y trasladarla a intereses. ¿Cómo se hace?, volviendo a centrar la conversación en su finalidad. Por ejemplo: "Juan, esta discusión comenzó porque nos preocupaba cómo disminuir los costos de logística, ¿verdad? Tanto vos como Luis tienen sus ideas acerca de cómo hacerlo. No es necesario confrontar por ahora. Hagamos un mapa mental y anotemos todas las opciones. Para descartar, habrá tiempo después".

Polarización de la comunicación. es posible que la discusión no pase a nada personal, pero dos participantes pueden polarizarse en posiciones blanco/negro y anular al resto. En esos casos, conviene intervenir utilizando cualquiera de las herramientas ya propuestas: a) dar participación a un tercero, pidiéndole una idea distinta de las dos que se enfrentan o, b) tomar ambas posiciones por válidas y buscar más alternativas.

Trenes contra durmientes. cuando se trata de generar propuestas, suele suceder que el que más trabaja es quien se arriesga a pasarla peor. Esto sucede porque cualquiera que hace una propuesta ofrece a los demás la posibilidad de usar su inteligencia para la crítica sin tener la necesidad de usarla para construir. Hay una metáfora que suele usar el escritor y psicólogo Edward De Bono que lo ejemplifica muy bien: "Se necesita un equipo de ingenieros muy capaces para desarrollar la locomotora, pero es suficiente un tonto con un durmiente para descarrilarla". Cuando notamos que esto está pasando, es conveniente detener la crítica a lo construido y pedir que los demás hagan sus propias construcciones/propuestas para luego analizarlas. Esto obliga a todos a usar la inteligencia para construir locomotoras, en lugar de descarrilarlas, y no desalienta a los más creativos y comprometidos con la gestión.

Confusión entre reproche y crítica. esta es una confusión muy usual con pésimas consecuencias. Debido a que el reproche se orienta hacia el pasado, su propósito es que el reprochado reconozca y se duela por lo que hizo y, aunque produce una descarga de tensión psíquica en aquel que reprocha, no agrega ningún valor funcional para el sistema familiar ni para el negocio. Por el contrario, cuando se ejerce, pone en marcha un mecanismo de contra-reproche por parte del atacado, generando un circuito de ataque/defensa redundante en el que los dos involucrados quedan atrapados y acumulan resentimiento.

En cambio, la crítica se orienta hacia el futuro; parte de la intención de no volver a caer en los mismos errores, produce un agregado de valor (ya que construye previsiones para evitar repetir situaciones desafortunadas) y facilita conversaciones y circuitos de feedback que posibilitan la construcción conjunta de nuevas alternativas de acción favorables para los individuos involucrados, el sistema familiar y el negocio.

Uso de lenguaje de guerra en lugar de lenguaje de proyecto. Muchas veces, por costumbre o simple énfasis, aun cuando no nos lo propongamos conscientemente, usamos lo que Edward De Bono describió como lenguaje de guerra. Cuenta que lo descubrió volviendo de una serie de trabajos en Japón. Pensando en la forma en que se sintió tratado durante toda su estadía, se dio cuenta de la delicadeza que sus anfitriones habían tenido para con él. Jamás se sintió cuestionado personalmente y cada vez que alguien expresaba un desacuerdo lo hacía de un modo en que nadie podría sentirse ofendido. Comparado con los japoneses, parecía que los occidentales hablábamos como si nos estuviéramos peleando.

El lenguaje de guerra funciona así:

- Las partes se oponen y discuten.
- La metodología es la de ataque-defensa: defender los argumentos propios y atacar los de los demás.
- Ninguna de las dos partes intenta desarrollar una idea diferente de las dos que están chocando.
- Se produce una enorme pérdida de tiempo sin generación de beneficio alguno.
- La creatividad se pone en funcionamiento, pero solo para asegurar la derrota de la idea contraria.
- Hay muy poca acción o motivación de cualquiera de las partes para extraer lo mejor de la visión opuesta.
- La idea que triunfa es la más fuerte pero no necesariamente la mejor.

En su reemplazo, propone usar y mantener en las reuniones lo que llama lenguaje de proyecto, que describe de la siguiente manera:

- Parte de la idea genérica de "esto es maravilloso, ahora exploremos".

- Las partes no discuten sino que emprenden la exploración de las ideas en forma conjunta, buscan otras alternativas, tienen interés en ver los puntos acertados de las ideas de los otros.
- La idea existente no es atacada y puede volverse a ella más tarde sin que haya sufrido daño o desprestigio.
- Todo el tiempo es utilizado de manera positiva y creativa.
- Desde el momento en que no se necesita demostrar error, es absolutamente factible cambiar una idea.
- La idea es planificada conjuntamente y luego conjuntamente evaluada.
- No aparece el problema de la "propiedad": tu idea contra la mía.
- El resultado final no se adjudica a personas sino al trabajo del equipo.

El uso reiterado de este tipo de lenguaje constituye una poderosa herramienta para hacer posible la Monarquía Parlamentaria en la conducción de los negocios y la Consensocracia, en la conducción de la familia empresaria.

El poder de la triangulación

Como hemos visto hasta aquí, en las reuniones de trabajo es muy importante que se produzca y mantenga el diálogo. "Diálogo" es un palabra de origen griego que se compone de otras dos: *dia*, que significa "a través de", y *logos*, que alude a la palabra, razón, conocimiento, inteligencia, pensamiento. A diferencia del "mono-logo", el "diá-logo" contempla la idea de que el sentido se construye entre varios. Alude a pensar, razonar, conocer en concordancia con otros.

Como vimos antes, para que nadie se apodere del logos es importante evitar el lenguaje de guerra y conversar en términos de lenguaje de proyecto. Pero sucede que eso, que se dice muy fácil, no siempre se puede llevar a la práctica con la misma facilidad.

Entonces. para reducir los peligros asociados a la intensa emocionalidad, las familias empresarias pueden buscar apoyo en la triangulación de la comunicación. Esta situación es homologable a lo que hacemos cuando, antes de mandar un correo complejo, le pedimos a un amigo que lo revise por nosotros; o, para tomar una decisión difícil, consultamos con nuestros seres queridos; o, frente a un problema que no sabemos cómo abordar, recurrimos a la psicoterapia para que un profesional nos ayude a elaborarlo.

Así, la triangulación es un método de facilitación de la comunicación que contempla la participación de un profesional con las habilidades requeridas para ayudar a los participantes a hacer foco en los temas que es necesario atender. En caso de que no lo puedan hacer, contribuye a resolver las dificultades que lo impiden y que, muchas veces, son de índole emocional y otras, de orden técnico (es decir, se deben a cómo están manejando la comunicación).

En la triangulación se propicia que YO & TÚ –que podrían enfrentarse por criterios para tratar cualquier tema– se sitúen juntos frente al tema que los tensiona, que conviertan el conflicto en un problema y a los problemas en oportunidades. Para ello hay dos condiciones esenciales del profesional que son la confiabilidad y la neutralidad.

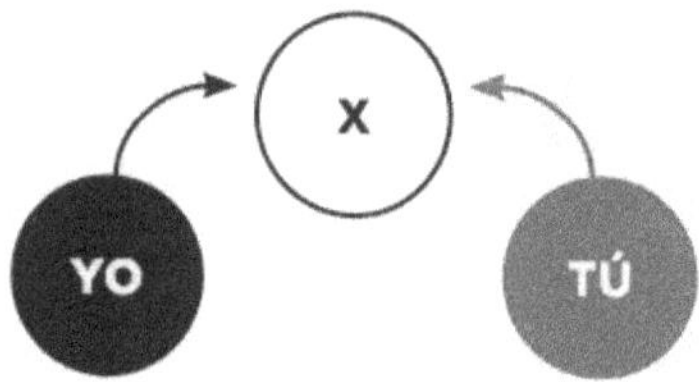

La entrada de un tercero en el sistema comunicacional tiene como propósito contener las emociones de los participantes, mantener abierto el diálogo y hablar de los temas que deban hablarse en un ambiente de respeto y convivencia, que evite el desplazamiento de temas empresariales al terreno de lo personal. La triangulación puede requerir la intervención directa del consultor en las reuniones de trabajo, pero también puede tener que celebrar reuniones con cada uno de sus miembros para capacitarlos y ayudarlos a desarrollar habilidades emocionales y conversacionales imprescindibles en la gestión de una empresa familiar.

El consultor debe contar con las habilidades para traducir ideas confusas en proposiciones más claras, debe tener riqueza de palabras, saber escuchar, poder brindar apoyo con calidez y hasta enseñar cómo hacer para disentir razonablemente. Es quien se ocupa de mantener abierto el diálogo sin entrar en ninguna discusión. Su meta es lograr que la comunicación se mantenga circulando entre las personas porque sabe que, mientras el intercambio permanezca, los problemas se irán metabolizando y resolviendo.

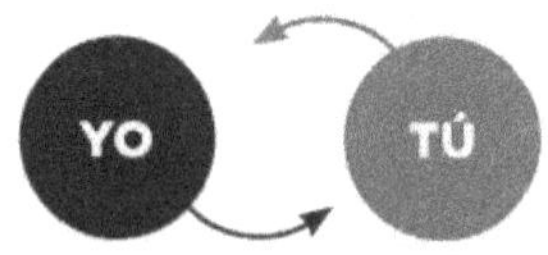

Las reuniones de trabajo como espacio sagrado

Por todo lo dicho, las reuniones de trabajo deberían ser consideradas un espacio sagrado por medio del cual se pueden conseguir y resolver prácticamente todas las cuestiones que afectan a una empresa familiar.

¿Saben cómo lograron que la papa se extendiera por toda Europa y se convirtiera en una revolucionaria fuente de alimento? Dicen que fue debido a una exitosa estrategia del gobierno de Francia: se cuenta que decidieron sembrar esas nuevas plantas traídas del continente americano en una plaza enrejada de París y con una guardia las 24 horas. Se dice que esta medida atrajo la atención de la población durante meses. Luego, un día cualquiera, cuando las plantas estaban crecidas, los guardias simplemente se fueron. La gente invadió el terreno y se llevaron las plantas generando una espontánea multiplicación del alimento, tan escaso en aquellos tiempos.

Dijimos que, por lo general, las personas ven las reuniones como una pérdida de tiempo. Sin embargo, si son debidamente gestionadas, pueden generar muchas riquezas y, como ocurrió con las plantas de papa en Francia, terminan propiciando una mística interesante en el interior de la empresa. En efecto, la gente empieza a verlas como "el lugar donde te llaman para opinar y para rendir cuentas", "la usina generadora de decisiones que después nos afectan a todos", "el lugar donde se cocina la cosa" o "ese sitio al que no tiene acceso todo el mundo".

Para realizar el trabajo de análisis de las situaciones y toma de las decisiones estratégicas, todas las civilizaciones desarrollaron algún tipo de escenario propiciatorio al que, genéricamente, llamaron "Espacio sagrado". Un lugar que nos facilita alejarnos del día a día suscribiendo a la idea de que de lejos se ve más claro, se toman mejores decisiones y a veces se pueden celebrar rituales de renovación.

Generar un Espacio sagrado es como poner las columnas o las piedras que demarcan ese lugar de reflexión y de renovación tan necesario para alcanzar la claridad de visión. Ayer y hoy la consigna es similar: demarcar un "territorio de metatrabajo" (encuadre) que sirva para reorientar las fuerzas internas que son las que, finalmente, darán destino, fortaleza y significado a la vida, y propiciarán el éxito personal y de la empresa.

Hay mitos a través de los cuales puede observarse con claridad la importancia que tuvo este Espacio Sagrado para la humanidad. La historia de Camelot y su rey Arturo es un ejemplo.

El rey Arturo impulsó el modelo de la Mesa Redonda para reorientar la energía de los líderes tribales hacia un gobierno de consenso, en lugar de malgastarla en inútiles guerras internas. Así pasó de un modelo de monarquía absolutista al de una monarquía parlamentaria que dura hasta nuestros días. ¿Cuál fue el vehículo de ese tremendo cambio de paradigma? La Mesa Redonda que, para nosotros, sería la reunión de directores.

En este modelo, la ley (o decisión a ejecutar) surge del análisis y consenso entre un grupo de pares. Luego, se requiere de un monarca (persona o método) que controle y logre que los acuerdos consensuados en el Parlamento (Directorio) se pongan en práctica y se sostengan.

Lo que no debemos olvidar es que, para lograr la plena gobernabilidad del negocio familiar, se requieren dos tipos de ámbitos de reunión o Espacios Sagrados: las reuniones de Directorio para tratar los temas relacionados con la estrategia de negocios y las reuniones de consejo de familia para tratar los temas de la estrategia familiar.

16. Tengo un (des) organigrama

Por **Julián "Gaita" González**

Mi propia experiencia cotidiana con clientes del sector me enseña que son moneda corriente las pymes que "parecen" funcionar de manera organizada, y que no es necesario gastar mucho tiempo para comprender el porqué: la gran mayoría de las pymes "creen" tener un organigrama cuando en verdad solo tienen una estructura de organización, que de tal, tan solo tiene la forma (suele ocurrir que el organigrama nunca fue presentado siquiera); o lo que es todavía más común: el organigrama no existe ni ha existido nunca. Identifico estas dos situaciones a partir de su misma causa: "desorganigrama".

La realidad cotidiana nos demuestra que es posible trabajar de manera desorganizada. No solo se sobrevive, sino que incluso (en algunos casos) se crece. No obstante, tengo la plena convicción de que el trabajo ordenado tiene mayores ventajas y facilita con creces el día a día empresarial. Entre sus virtudes más conocidas están el mejoramiento de la comunicación y la división de tareas claras. Su resultado menos conocido y más satisfactorio merece aquí especial atención: mejorar la eficiencia y el humor de todo el equipo.

"Dime tu puesto y te diré quién eres…"

A partir de jugar con la similitud de un conocido refrán, he generado la primera pregunta que formulo en cada una de mis entrevistas de consultoría en pymes:

¿Qué puesto ocupás?

Así de sencilla como parece, esconde muchísimas respuestas y hace aflorar notables gestos de sorpresa. Por supuesto, pueden comenzar a practicarla con su equipo, si están seguros de que van a recibir la devolución que esperan. De no ser así, los invito a leer sobre mi experiencia y aprendizaje a partir del contacto frecuente con mis clientes. En la mayoría de los casos los clientes entrevistados no pueden responder la pregunta en primera instancia, y con mucha frecuencia escucho: "hago un poco de todo", "soy un multiuso", "estoy en varias partes de la empresa", "desde que comencé a trabajar nunca me lo dijeron y me fui adaptando al día a día", "qué bueno sería saberlo…".

Ahora bien, es momento de preguntárselo a uno mismo: ¿tengo un organigrama en mi empresa? ¿Lo conoce el resto de la estructura?

¿Es mental o lo tengo por escrito?

Mi primer consejo es dedicarle tiempo al diseño del tradicional y poco frecuente organigrama. No porque vaya a quedar muy bonito colgado en la oficina del director, sino porque el organigrama posee más de una finalidad y aporta beneficios inmensos en el corto plazo. Existen diferentes versiones. Ninguna es mejor que otra. Cada organigrama varía según el tipo de empresa y su situación.

En más de un caso puede ser una herramienta que se gestiona en formas diversas y que cambia con el tiempo. Habiéndolos llevado yo mismo a la acción y conociendo su practicidad, son tres tipos de organigramas los que recomiendo a continuación.

Organigrama piramidal

Un organigrama es la representación gráfica de la empresa. Cada puesto debe tener un nombre con objetivos y tareas bien determinadas, que debe estar ocupado en cada caso por personas específicas (al dibujarlo identificaremos la posición y colocaremos luego el nombre de la persona que la ocupa). Hay que tener claro que los recursos se adaptan al puesto, no a la inversa, y que esto vale más aún cuando se está en medio de un proceso de reclutamiento de un nuevo equipo.

El organigrama representa las relaciones jerárquicas y las competencias. Repito: el más común es el de tipo formato piramidal, sencillo de explicar y en un principio con mayor capacidad de adaptación a diferentes formatos de empresas.

Entre sus principales beneficios se destaca la mejora en la comunicación interna. Cada puesto debe conocer a quién responde, como asimismo al equipo de trabajo que lidera o pueda llegar a liderar. Es ideal la fluidez de información, reuniones periódicas y visión compartida entre puestos de igual escala jerárquica para evitar el virus del "radio pasillo". Aconsejo con frecuencia que en los casos que se presentan con un nivel de tensión interna alto, nos concentremos en mejorar la instancia de feedback entre los puestos que se comunican directamente. Esto significa generar encuentros cuatrimestrales (periodicidad según la empresa) en los cuales cada miembro del equipo pueda exponer "qué espera" y "qué percepción tiene" sobre el trabajo del otro. Todos escuchan, y lo ideal es que todos participen del intercambio manteniendo la cordialidad; el lenguaje debe ser de tipo generativo (de presente a futuro, evitando lo más posible recriminar casos pasados e intentando siempre introducir observaciones constructivas con sólido fundamento) y su fin, producir la mejora del conjunto humano. Su implementación exitosa es prueba inequívoca de madurez empresarial.

Según el nivel de la escala jerárquica en que nos situemos, encontramos que las visiones y decisiones varían sus cualidades. Cuanto más arriba nos encontremos, más generalistas serán: analizarán el aspecto amplio de los objetivos y marcarán el rumbo a seguir. Luego la gestión es delegada a puestos que se encuentran por debajo, los que se encargan de trabajar en el detalle. Como lo dice el refrán, los primeros ven el bosque y los segundos el árbol. También según la escala nos encontraremos con otra característica: los puestos más altos se caracterizan por utilizar y decidir a partir de su criterio, mientras que en la base, las políticas son las protagonistas. Dicho más claramente: un gerente o coordinador de área en una empresa se encarga de fijar objetivos y puede tomar decisiones a partir de su criterio personal (tengamos en cuenta que la persona posee la aptitud). Mientras que un operario de área se encarga de trabajar a partir de políticas y normas claras, las cuales no se cuestionan durante la acción.

Otra gran virtud es la clara comunicación de las promociones. Un gran método para mantener a los recursos en estado de entusiasmo, además de informarles qué y cómo deben ejercer su puesto, es presentarles la posibilidad de crecimiento dentro de la estructura. Las relaciones mejoran y las responsabilidades quedan en manos de los protagonistas.

Organigrama circular

Desde hace ya varios años se escucha que muchas grandes empresas utilizan el concepto de trabajo a "puertas abiertas". De este modo se hace mención a las mesas de trabajo compartidas sin importar el puesto que ocupa cada uno y se trata la oficina como algo ya obsoleto. Más recientemente aparece el concepto de organigrama circular, basado en la premisa de igualar la jerarquía de los puestos, con líderes que puedan supervisar más de una Unidad de Negocio y con llegada a todas las posiciones por igual. Para comprenderlo mejor, les recomiendo conocer la historia de la marca Zappos, llevada a cabo por Tony Hsieh, adquirida por Amazon en 2009, justamente con el propósito de conocer sobre este formato y sus consecuencias.

Este formato coloca como principal protagonista en su dibujo al cliente, que está en el centro del organigrama. Dato no menor: por este motivo se generó la teoría del marketing centrípeto, que enseña que toda la fuerza de su movimiento se dirige hacia el centro de la circunferencia. Alrededor se encuentran los distintos puestos, sin importar su jerarquía, con una sola premisa: todos trabajan para el cliente. Quienes lo llevan a cabo entienden que su mayor virtud es no mostrar diferencias de estatus, las que casi siempre causan desmotivación. Se requiere la fluidez de información y el espíritu resolutivo en todos los recursos.

Un caso en el que me resultó útil su aplicación fue en el de una inmobiliaria. Cuando la conocí, toda su energía estaba concentrada en los asesores comerciales; su líder gestionaba más de un proyecto personal y las otras áreas no se sentían parte del proceso de venta. Decidimos generar un organigrama donde todos entendiesen que atendían al cliente, más allá de su posición. Pronto comenzó a generarse, en consecuencia, otra fluidez de la información y cada uno sabía ya en qué momento del proceso debía participar. Desde el *back-office* administrando redes sociales, la recepción generando un primer gran impacto, los asesores consolidando la relación y el coordinador comercial "flotando" en cada instancia, se logra que el cliente sea en todo momento el gran protagonista.

Organigrama funcional

Este es un tipo de organigrama que a menudo recomiendo a mis clientes cuando las áreas se pueden separar a partir de sus funciones en el proceso. Cada una cuenta con un responsable que es experto en una actividad concreta. Un ejemplo de su aplicación lo realicé en un estudio contable.

Generamos departamentos separados a partir de su actividad: fiscal e impositivo, contabilidad y auditoría, laboral y RRHH. Tres mandos medios que supervisaban el trabajo de su grupo de juniors especializados en una función específica. De esta manera los recursos fueron agrupados por sus habilidades comunes; los roles se aclararon y se evitó la duplicidad del trabajo. Vale aclarar que con el tiempo el modelo puede resultar monótono y rígido.

¿Qué necesito?

Seguramente sea este el momento de comenzar a replantear el organigrama propio. Como ejercicio, primero aconsejo consultar con el resto de la estructura si existen o no diferentes percepciones. Les aseguro que se van a llevar más de una sorpresa y recordarán la denominación "(des) organigrama". Nótese bien: nada de lo mencionado en este capítulo se podrá llevar a cabo si antes el líder no comprende la importancia de comenzar a respetar lo delegado en el resto de los puestos.

Al delegar entregamos responsabilidad y poder. Cada líder debe entender que a partir de ese momento será el primero en respetar los circuitos de comunicación del organigrama, con una nueva función: la función de actuar a diario con el ejemplo y "bajar" en la escala de puestos del organigrama, si y solo si comprende que ello será para relacionarse con su equipo de trabajo desde su lado más humano y no para dar órdenes.

Una vez logrado el organigrama de nuestra empresa, debemos entender que no es la única herramienta que define el orden total. Solo resulta imprescindible como punto de partida para crear una cultura de trabajo más organizada, o sea, para generar bases sólidas a fin de que nuestra organización llegue a ser incubadora de talentos; que los trabajadores sean más felices; que todos puedan realizar sus actividades sin sentir la necesidad de que se lo repitan constantemente; y que, en consecuencia, no solo se atienda mejor al cliente final, sino que logremos recursos más productivos y creativos.

Para seguir avanzando en el orden y trabajar mejor sobre nuestra cultura organizacional, existen otras herramientas como la RACI-SET, derivada de la que muchos ya conocen como RACI. Comprende agregados que considero fundamentales luego de haberla llevado a la práctica con mi equipo en pymes de diferentes rubros. Muchos entienden –y es correcto–, que uno de los principales objetivos de una empresa es crear un valor que la distinga. No obstante, por lo general, en los recursos se piensa en el consumidor "de afuera" y no en el "de adentro". Entiendo que el organigrama es una herramienta fundamental para justamente lograr que nuestro cliente interno nos vuelva a elegir todos los días.

¿Cómo te sentirías si al entrar una persona nueva a tu empresa le pudieses mostrar el organigrama para ayudarlo a comprender claramente qué tiene que hacer?

Cómo crees que cambiaría el día a día si todos pudiesen responder con seriedad a preguntas clave como: ¿qué puesto ocupás?

¿Cuáles son tus funciones? ¿Cuáles son tus objetivos?

Vos, ¿volverías a elegir trabajar en la empresa en la que trabajás?

A tener en cuenta

Antes de finalizar este capítulo quiero contarles una experiencia paralela al proceso de su redacción. Una noche, finalizando mis vacaciones en la barra de un coqueto restaurante brasileño, me dediqué a escuchar la historia personal y actual de su barman principal. Entre sus reflexiones me confesó su malestar por el puesto que había llegado a ocupar en muy poco tiempo, justamente el puesto de jefe de barra. Suena raro, pero eso le pasaba. A partir de su gran desempeño, el dueño había resuelto ascenderlo a puestos de mayor importancia cada vez, obteniendo como resultado mayores responsabilidades y más horas de trabajo (por supuesto, el sueldo acompañaba el crecimiento). Su jefe entendía que de ese modo lo estaba premiando y motivando, razón por la cual nunca se había molestado en preguntarle en cada oportunidad si él estaba a gusto con su nuevo cargo. Mientras tanto, nuestro personaje sentía que se alejaba cada día más de lo que a él realmente lo hacía feliz. Me contó incluso, con una mezcla notable de tristeza e incertidumbre, que se encontraba en medio de la búsqueda de un nuevo trabajo.

Aquella noche comprendí algo muy importante: las personas no son felices donde no quieren estar y no es buena idea hacerlos ocupar puestos que no desean ocupar. No siempre el mejor vendedor será el mejor gerente de ventas. Hay que entender que el organigrama es una herramienta importante para la empresa, sin olvidar jamás que toda buena empresa es –o debe ser–, ante todo, un buen grupo de seres humanos.

17. Empresa familiar o familia empresaria

El 70 % de las empresas pymes en Latinoamérica son empresas familiares, con todo lo que esto conlleva.

¿Cómo distinguir cuándo hablamos como familia y cuándo lo hacemos como empresa? Este es el primer argumento que suele aparecer en la mesa de consultoría de este segmento de empresas; y en rigor de la verdad, no es nada simple de responder.

El primer objetivo de toda organización siempre debe ser: lograr que la empresa perdure en el tiempo trascendiendo a los fundadores. Esta premisa es clave para empezar a resolver el intrincado complejo de la empresa familiar.

Las empresas familiares no escapan a las problemáticas de toda pyme, pero le suman el componente relacional familiar, que, claramente, puede tener dos efectos. Por un lado puede ser una forma de contar con un equipo altamente comprometido ya que ven en la organización la posibilidad de futuro; pero por otro, también puede suceder que no se logre separar la empresa de la familia y traer al trabajo las discusiones familiares o llevar a casa las discusiones de la empresa; y eso es muy difícil de administrar.

Para poder separar empresa de familia es fundamental tener en cuenta algunos puntos:

1. **¿Soy el indicado para este momento de mi empresa?** La respuesta es la clave en la salud de la organización. Las distintas empresas pasan por diversos momentos a lo largo de su historia y cada momento requiere habilidades diferentes, en ocasiones más enfocadas en la ejecución profesional, en otras en la estrategia. Ser el fundador no significa que podrán ser siempre los mejores líderes para su organización. Por lo general, cuando las empresas crecen, la complejidad también lo hace, y no siempre el fundador está preparado para ello. Dar un paso al costado, ocupar otro puesto o dejar a alguien más apto puede ser la salvación. Si es de la familia mejor, pero muchas veces esa persona no está en la empresa y hay que salir a buscarla. No obstante, en todo plan de empresa familiar debe contemplarse la sucesión y la cadena de reemplazo.

2. **¿Quién va a cuidar mejor a la organización que un familiar?** Repregunto: ¿esto siempre es así? No quiero incomodarlos, pero sabemos que muchas veces la respuesta es "no". Por otra parte, piensen bien, ¿no es más fácil controlar y en tal caso corregir, amonestar y si fuera necesario desvincular a un tercero que a un hijo? Si la única forma de controlar la empresa es poniendo gente de confianza (familia) en cada área, en parte se está asumiendo que no se tiene control y dominio de la organización. Y también suena algo raro que justo tengan la suerte de encontrar entre sus familiares a los mejores gerentes del mercado.

3. **¿Los sucesores deben formarse dentro o fuera de la empresa?** Existen casos de éxito y fracaso en cualquier de los dos

opciones. No obstante, basado en mi experiencia siempre recomiendo que los sucesores pasen al menos un par de temporadas, sobre todo al inicio de sus carreras, en otra organización que no sea la familiar. Esto les permitirá tener una perspectiva diferente y poder comparar otras realidades, cuando finalmente ocupen una posición en la empresa familiar.

4. **¿Qué pasa si sus hijos no quieren continuar con la empresa?** Sin dudas este escenario no es el esperado por ningún padre que visualiza en su empresa la forma de asegurar el futuro de su familia, y a la vez ve en sus hijos la forma de perpetuar lo que para él, en muchos casos, también es un hijo (su empresa). Mi recomendación, aunque dura, creo que es la más sana y prepara al empresario para los dos escenarios. La clave pasa por pensar la organización sin los hijos y armar una estructura totalmente despersonalizada, con puestos y funciones claras que puedan ser delegables. Esto permitirá no poner presión en los sucesores y, si deciden ingresar, contar con una estructura en la que ascender. Por otro lado, también permite profesionalizar la organización, poder incorporar profesionales que aporten valor y asegurar el futuro de la organización. Entendamos que si lo que buscamos es perdurar en el tiempo y asegurar el futuro de la empresa, qué mejor que construir una que sea bien sólida, y en caso de que los familiares no quieran formar parte de la estructura, tengan al menos acciones muy valiosas de uno de sus hermanos (la empresa). Por lo general, cuando se habla de empresa familiar se hace referencia a organizaciones donde la familia se fue incorporando, ocupando distintas áreas con la idea, no siempre compartida, de que a futuro las nuevas generaciones se hagan cargo.

Ahora bien, solo para pensar, les propongo invertir las palabras y empezar a hablar de familia empresaria. En estas no necesariamente los herederos deben ser quienes desempeñen las funciones operativas. La idea de este concepto es que la familia pueda vivir de la empresa con o sin participación activa. Los que quieran ser parte operativa cobrarán además un sueldo y los que no, podrán desempeñarse en lo que más les guste, pero integrar su parte accionaria y tal vez del Directorio. La familia empresaria cuida los intereses y se focaliza en la visión de la empresa, y así se aleja de las difíciles discusiones donde todo se mezcla.

Las empresas son complejas porque tienen en su día a día el problema innato de las relaciones humanas que, a su vez, siempre son complejas. ¿Se pueden separar? Considero que no y que no tiene sentido separar la realidad; pero sí trabajar más profesionalmente y lograr una estructura más sólida, donde las discusiones de lo cotidiano sean más objetivas. Ese es el punto donde podemos lograr separar un poco, al menos, la realidad familiar de la empresaria.

18. Barreras de salida, la cárcel del empresario

Fue hace ya varios años que a un tal Porter se le ocurrió el concepto de barreras de entrada y de salida. Él lo planteaba desde una perspectiva estratégica: sostenía que en toda industria existen barreras de entrada impuestas por los líderes del mercado, que ansían mantener su liderazgo, y para esto construyen barreras, un límite difícil de superar para los que se deciden a entrar. Por ejemplo: grandes inversiones en maquinarias, acuerdos políticos, alianzas entre competidores, etc. "El cuidado más grande de toda empresa debe ser no crearse grandes barreras de salida", sostenía el padre de la estrategia moderna.

Las barreras de salida se caracterizan por ser un impedimento a la hora de salir de un mercado, por ejemplo: grandes estructuras, inversiones de difícil liquidación, acuerdos legales a largo plazo difíciles de romper, capital inmovilizado, etcétera.

El desafío siempre está en crear barreras de entrada sólidas, sin que se transformen luego en barreras de salida.

Como hemos dicho con anterioridad en este mismo libro, hoy en día los activos más valiosos de una organización deben estar vinculados a cuestiones blandas como: marca y reputación, propuesta de valor, modelo de atención, flexibilidad y agilidad ante el cambio, el *know how*; por eso conviene evitar grandes estructuras que son buenas mientras todo funciona, pero que luego, ante una crisis, se transforman en mochilas con elefantes en su interior. La asociatividad surge también como un gran aliado para crecer con menos riesgo.

En este capítulo, no obstante, pondremos foco en una de las barreras de salida que más atormenta a muchos empresarios pyme, y para esto utilizaré una situación real vivida hace unos años.

Giuliano era inmigrante italiano y como buen tano era un laburante incansable. Visto desde una perspectiva romántica, era el típico gran trabajador que con mucho esfuerzo había logrado construir una empresa familiar de gran renombre. Sin embargo, no todo era color de rosas.

Este simpático hombre de setenta y pico de años llegó a mí luego de escucharme en una conferencia dictada en una cámara industrial. Recuerdo como si fuera hoy que se acercó a mí y me habló con ese acento típico del inmigrante, que hacía 70 años que había llegado a Argentina, pero que como un ancla a sus raíces, todavía conservaba ese dejo típico de su tierra.

Me encaró y me dijo: "Querido, necesito tener una entrevista con vos, algo de lo que dijiste hoy me impactó y necesito conversarlo, ¿podés reunirte conmigo?". "Obvio", respondí y una semana después estaba en su despacho.

Llegué a última hora luego de un día de muchos compromisos, recuerdo que eran como las siete de la tarde. Al llegar a su empresa, una importante imprenta, me llamó la atención que me recibiera él mismo y que al entrar me aclarara que estaba solo, y resopló: "Acá todos rajan ni bien suena la chicharra de las seis".

Fui a su despacho donde tenía fotos de toda su familia, y en un cuadro una foto del barco en el que había llegado hacía ya varias décadas. Le pregunté: "¿Su familia trabaja con usted?". A lo que respondió: "Bueno, deberíamos hablar sobre la definición de trabajo, pero sí, en principio vienen todos los días", y pude observar una cierta incomodidad en lo que había dicho.

Rápidamente sentí la necesidad de cambiar de tema y pregunté cuántos años tenía la empresa. "Más de los que cualquiera sospecharía", sostuvo. La empresa había sido fundada por él mismo hacía ya 45 años y desde sus inicios él era el gerente o "gerendete".

Siempre me veo tentado a preguntar "¿Disfruta de su empresa?". Su demora en responder presagiaba una respuesta difícil para él. "La verdad no sé cómo responder esa pregunta, muchas veces siento que he armado una cárcel alrededor de mí", sentenció.

A lo largo de mis años como consultor, vi en más de una oportunidad cómo el empresario va levantando una cárcel a su alrededor, de a una pared a la vez; sin quererlo se va encerrando, a tal punto, que un día se da cuenta de que está preso y no tiene las llaves para salir.

Siguiendo con esta analogía, cuando hablamos de paredes hablamos de: falta de delegación, de grandes inversiones que los obligan a muchas horas de trabajo solo con el fin de poder cubrir los pagos de esa nueva gran obligación, de falta de estructura profesional que les saque temas de encima, y así, de muchos de los puntos que hemos desarrollado hasta aquí en este libro.

Una vez escuché, no recuerdo dónde, que desde el momento en que abrimos una empresa, debemos planificar nuestra salida, y realmente creo en esta frase.

"Empresario" es una palabra muy abarcativa, y es difícil definir cuándo alguien se recibe de empresario. No obstante, estoy dispuesto a dar el título a cualquier empresario que logre irse de su empresa y que esta siga funcionando.

Para evitar construir barreras de salida es necesario siempre analizar a fondo las decisiones y evitar tomarlas solo sobre la base de la intuición u oportunidad. Debemos pensar al menos tres posibles caminos que se bifurcan a partir de nuestra decisión, intentando que ninguno sea tan oscuro como para que si nos toca ir por ahí resulte un gran problema.

Por último, y no es por ponerme romántico, lo que queremos realmente y uno de los objetivos principales de este libro, es que los empresarios disfruten de su empresa; lograr con este un aporte, en alguna medida –ojalá mucho–, a su felicidad y desarrollo.

Piensen que si todo marcha más o menos bien pasarán aproximadamente el 40 % de su vida en el trabajo; si no logramos que ese trabajo sea agradable, motivante y, por qué no, entretenido, realmente será como estar preso en una cárcel de la que es difícil salir.

19. Vivo peleando dentro de la empresa

 *Por **Jorge Hambra***

En este breve pero profundo capítulo, Jorge Hambra nos da herramientas concretas y claras para enfrentar una de las problemáticas más comunes dentro de cualquier organización o relación humana.

Hablamos mucho de la mala comunicación y sin darnos cuenta la fomentamos, generamos conflicto y nos enfrentamos en vez de intentar lograr acuerdos.

Quien quiera liderar una organización, debe ser un buen comunicador y está obligado a ser conciliador hasta el máximo límite posible.

José no sabe cómo abordar el tema del ingreso de familiares políticos a la empresa que comparte con su primo Eduardo. Lo ha consultado con su esposa un centenar de veces, pero ella parece un poco cansada de escuchar sus redundantes reflexiones. Ya van un par de veces que le ha respondido que en lugar de hablarlo con ella, lo hable directamente con Eduardo, que además de primo es su socio. Total, ¿qué puede pasar? –le ha dicho–, de seguir así, van a terminar peor que si lo hablaran de una vez.

Pero José siente que el tema que tiene que tocar es muy difícil porque Eduardo está convencido de que el ingreso de su yerno será un gran aporte para la empresa, mientras que José cree que las relaciones familiares directas son lo bastante complejas como para agregarle las políticas. Además considera que la visión de su primo está sesgada por su interés personal en "asegurar" el futuro económico de su hija y que, influido por ese interés, ve en el marido de su hija cualidades que este dista de tener en la realidad.

Con esta carga emocional, el tema se ha vuelto complicado de conversar. Las veces que han hablado, han terminado discutiendo y esto ha repercutido en la familia. Su hermano le ha reprochado el modo en que trató al primo, y su madre le ha pedido que tenga paciencia porque no desea resentir la relación con su hermana, con la que siempre se ha llevado muy bien. Por eso, ahora las conversaciones entre ambos se han vuelto triviales, impersonales y evitativas... Parece que ambos se cuidan de hablar de aquellas cosas que, irremediablemente, alguna vez tendrán que hablar, pero que no saben cómo.

Si usted tiene o ha tenido una relación de negocios con alguien muy cercano, es probable que haya pasado por alguna situación similar a la de José y Eduardo. ¿Por qué?, básicamente porque es inevitable que las personas tengamos diferencias de intereses y de formas de ver las cosas. Pero cuando esas mismas personas también comparten vínculos familiares, todo se complejiza mucho más.

La red de lazos emocionales muy cercanos como los que ligan a hermanos, primos, padres e hijos, cuñados, esposos, y a toda una constelación de relaciones muy próximas, forman una poderosa fuente de suministro emocional que nos hace sentir íntimamente acompañados y respaldados en la vida. Sin embargo, cuando esos vínculos comparten negocios o intereses laborales y económicos, es tanto más probable que las cosas terminen mal, debido precisamente a la intensidad y complejidad de las emociones en juego.

En las empresas familiares, hay temas típicos que son recurrentes fuentes de conflicto:

- Orientación del desarrollo de la empresa familiar: hacia dónde deben enfocarse los negocios y por qué.
- Reglas para el ingreso de familiares: incluyendo la relación entre capacidades, responsabilidades y retribuciones asignadas.
- Evaluación y promoción de familiares: cuáles son los criterios para medir el rendimiento y otorgarles oportunidades de crecimiento dentro del negocio.
- Destino y oportunidad de las inversiones: cuánto, cómo y dónde invertir.
- Retribuciones: qué criterios se deben respetar, con quiénes y por qué.
- Disposición a asumir riesgos: cuáles y en qué medida se deben abordar y por qué.
- Distribución de dividendos: qué porcentajes, cuándo y respetando qué criterios.
- Cuestiones éticas (desde "en qué negocios participamos y en cuáles no", hasta "qué tipo de relaciones está permitido entablar con los empleados y cuáles no").
- Cuestiones generacionales: tales como el concepto de "qué es trabajar" para familiares de edades y formaciones diversas.
- Cuestiones de gobierno: cuáles deben ser los organismos y los estilos con que es aconsejable gobernar la empresa.
- Cuáles son las condiciones que se deben cumplir para poder aspirar a formar parte del gobierno de la empresa familiar.

Y estos son solo algunos de los innumerables temas que pueden presentarse durante el devenir del desarrollo de un negocio de familia. De hecho, hay otros más sencillos y de todos los días que terminan teniendo la misma capacidad para complicar las relaciones interpersonales.

A esta altura, supongo que se estarán preguntando: ¿y qué debemos hacer cuando no nos ponemos de acuerdo?

- ¿Callarnos a sabiendas de que la evitación es una solución pasajera que con el tiempo hará que se acumulen tensiones peligrosas?
- ¿Hablar de modo imprudente y como nos dé la gana, arriesgando los negocios y la familia con consecuencias inestimables?
- ¿Involucrar a terceros como en el caso de Eduardo sabiendo que, por más que nos alivie, claramente ese no es el camino?

Para responder estas importantes preguntas conviene primero tomar unas pocas nociones sobre la importancia de la "escucha".

La función de la escucha

Como todos sabemos, la diferencia esencial entre el monólogo y el diálogo reside precisamente en la posibilidad o no de practicar la "escucha".

Esto es así porque, mientras en el "mono-logo" alguien se arroga la propiedad del sentido, la razón, el conocimiento y el significado, para que haya diálogo todos esos atributos deben circular entre los que conversan y nadie se los puede apropiar en forma exclusiva. Durante el diálogo, el sentido, la razón o el significado, no son propiedad de nadie y es por eso que quienes conversan se ven obligados a ejercitar una búsqueda de sentido conjunta cuyo resultado será una construcción colectiva en lugar de individual. Por eso, en el diálogo no se gana ni se pierde, durante el diálogo se construye de a dos y eso hace que sea imprescindible ejercitar la escucha.

El ejercicio de la escucha implica muchísima actividad: requiere que focalicemos nuestra atención para comprender lo que los demás dicen, siempre con la actitud de no dar por sobreentendido a qué se refieren. Esto implica la continua construcción de preguntas que permitan indagar en el discurso ajeno y comprender "cómo y por qué el otro opina lo que opina y cree lo que cree", estemos de acuerdo o no.

Esto significa indagar en su "escalera" de inferencias, de las cuales se desprende el sentido de su forma de interpretar los hechos.

Cuando hablamos de empresa familiar visionaria, estamos diciendo que esa empresa es capaz de desarrollar las relaciones familiares tanto como las relaciones propias del negocio. Y también estamos diciendo que es el tipo de empresa sobre la que podemos apostar a su perduración en el tiempo. En este tipo de empresas, se debe lograr que la capacidad de escucha se reparta en forma equilibrada entre sus miembros, porque de nada serviría que solo algunos se dispongan a escuchar mientras otros se dedican solo a presionar mediante el monólogo.

Pero cuando hablamos de desplegar la escucha, no estamos diciendo que se trata simplemente de "llevarse bien entre padres e hijos, sobrinos, tíos y primos". Hablamos de algo más complejo que un principio moral con el cual todos estaríamos de acuerdo. Hablamos de practicar "el arte de mantener diálogos significativos". ¿A qué nos referimos exactamente? Empecemos por entender la función del chisme y vayamos escalando.

La forma degradada del diálogo que más se acostumbra usar en la vida cotidiana es el chismorreo, que se caracteriza por decir a quienes no corresponde lo que se piensa o se ha observado de los demás. La intención del chismorreo o cotilleo es siempre complacerse en el intercambio de información acerca de las debilidades o comportamientos inapropiados de otra gente, sin que esa gente se entere de que lo estamos haciendo.

En las familias, el chismorreo como forma de "control social" es habitual. Así suele suceder que todos hablen de todos con todos, menos con quienes tendrían que hablar. Esto sucede porque la familia es una microsociedad y, como tal, utiliza este principio organizador espontáneo que siempre ha usado la humanidad para pequeñas comunidades.

La indudable ventaja que tiene este método indirecto de control social es que no exige a quienes lo practican ningún grado de madurez emocional. Más bien, todo lo contrario: para chismorrear no es necesario prepararse cuidadosamente, desarrollar un plan, alivianar los sentimientos que pudieran promover ofensas, anticipar posibles respuestas destempladas de la otra parte, cuidarse de no herir la identidad de las personas y, por sobre todo, no requiere que miremos a los ojos a la persona en cuestión mientras le decimos aquello que consideramos difícil de decir.

Ahora bien, si esto es así, ¿por qué no aprovechar sus ventajas y ya? Si de todos modos sucederá, ¿por qué no adoptarlo y darle validez? Sucede que este método solo funciona cuando se trata de procesar esas pequeñas cosas de la vida, y cuando estas suceden en cantidades metabolizables por el sistema relacional. En cambio, cuando la cota de calidad o cantidad de pequeñas cosas metabolizables a través del chismorreo es sobrepasada, el drenaje aliviador que se suponía efectivo hasta ese momento, deja de serlo. De hecho no consigue desagotar las presiones que sufre el grupo humano y las relaciones empiezan a dañarse.

Que suceda esto no es bueno para ninguna familia, pero para la familia empresaria es mucho peor porque, debemos aceptarlo, la familia empresaria no es una familia "normal". En su caso, además de las complejidades emocionales que tiene que procesar cualquier familia, la empresaria está obligada a procesar las tensiones propias de los intereses de negocios. Y en estos casos, ambas presiones no se suman, se multiplican. Por eso, frente a semejante presión adaptativa, es de sospechar que un método tan frágil como el chismorreo no alivia la situación sino que tiende a agravarla.

Es entonces que el diálogo banal, que había convivido con el chismorreo hasta el momento, empieza a ser la única herramienta a la que se apela antes de la ruptura. El diálogo banal –*little talk*, en inglés– consiste en el arte de hablar de nada. Es famoso tanto en los cócteles de trabajo como en las reuniones de las familias, especialmente las empresarias.

Hablar del tiempo, de la política internacional, de los resultados del fútbol, de las perspectivas del hombre en el espacio para el 2050 y de las travesuras que hacen las mascotas de cada quien, es hablar de nada.

Alguien podría preguntarse: "¿Y qué tiene de malo hablar de nada? Todos necesitamos un descanso y además sirve para socializar, lo cual no es nada banal". Es verdad. El problema no es la herramienta sino su uso. Si el diálogo banal es utilizado como herramienta de socialización, todo está bien. Para eso está, esa es su naturaleza. Pero si es usado para evitar el diálogo significativo, podemos pronosticar sin temor a equivocarnos, que fracasará.

El diálogo significativo es la única herramienta válida para intentar resolver los conflictos propios de las relaciones humanas, que son complejas de por sí y más aún si deben procesar intereses laborales y patrimoniales.

El diálogo significativo es aquella conversación que nos permite expresar nuestros desacuerdos dirigiéndonos a la persona pertinente con respeto, con cuidado y con firmeza, pero sin violencia. Cómo lograrlo es algo verdaderamente difícil, y no conviene intentarlo sin preparación y entrenamiento. A falta de esto, muchas veces se requiere de la presencia de un tercero que tenga las habilidades para moderar y conducir la energía de ese tipo de conversación.

En mi opinión, la madurez emocional y la destreza conversacional para hablar de temas difíciles en el caso de las familias empresarias no son optativas. Por el contrario: son unas competencias centrales que deben ser desarrolladas.

La preparación para abordar conversaciones difíciles es un buen camino para hacerlo.

Preparando el diálogo significativo

Las tres primeras reglas de oro que hay que respetar antes de mantener una conversación difícil son las siguientes: número 1, prepárese; número 2. prepárese, y número 3. ¡prepárese!... Y sin embargo, esto es lo que normalmente no hacemos debido a que, dominados por la ansiedad, solemos confiar demasiado en nuestra intuición y abordamos este tipo de conversaciones de modo temerario.

Si desea seguir nuestro consejo y preparar la conversación, le sugerimos tener en cuenta los siguientes factores críticos:

a) **Despliegue el escenario más temido.** Imagine la situación más temida en que pudiera derivar la conversación. Una vez desplegada en todos sus detalles, imagine qué debería hacer si se produjera. Notará que, una vez tomada la decisión más difícil, algo se reordenará dentro suyo promoviéndole más confianza y, si se lo propone, también podrá evaluar que todo lo que reste entre el comienzo y el desenlace más temido, será terreno para ganar.

b) **Aborde la conversación en tercera persona.** Siendo la primera acción fundante del resto de la conversación, la manera en que comience será de la mayor importancia. Conviene hacerlo en tercera persona, es decir, con una descripción de datos exenta de juicios. Por ejemplo: "Hemos sido socios por 15 años y siempre, de un modo u otro, nos hemos complementado para resolver las dificultades implicadas en llevar nuestro negocio adelante y nos ha ido bastante bien. Desde hace un tiempo ambos notamos diferencias que se han ido acumulando y generando una situación de tensión que deseamos aliviar. Entiendo que hoy estamos sentados aquí para conversar de esas diferencias y buscar el mejor camino de resolución". Esta introducción no hace más que describir un hecho que está aconteciendo y permite generar un marco positivo para la conversación que está comenzando. De hecho, si recibiéramos un sí por respuesta, constituiría un primer acuerdo acerca de las intenciones del encuentro que facilitaría todo lo que está por venir.

c) **Evite por todos los medios la conversación de "¿Qué pasó?".** Solemos creer que es imprescindible aclarar el pasado. Por eso caemos en la trampa. Si no hubiera interpretaciones diversas del pasado, los conflictos serían mínimos. Por eso, no intente aclararlo, lo confundirá más. En todo caso, nombre algunos hechos solo si es imprescindible y con la intención de describirlos para que no vuelvan a ocurrir, pero no se quede tratando de ponerse de acuerdo en lo que pasó; pierde el tiempo.

Para no caer en el "¿Qué pasó?":

d) **Use la conversación de sentimientos.** Hable de lo que usted sintió frente a lo sucedido y aclare que no se trata de una acusación sino de un compartir emociones de las que el principal responsable es usted, no la acción del otro. Pero sus sentimientos son auténticos y tiene derecho a expresarlos tanto como a que se tomen en cuenta. De hecho, usted debe disponerse a escuchar los sentimientos del otro sin juzgarlos, y a hacer lo posible por aliviarlos siempre que sean dolorosos y requieran de su parte una acción o una abstención razonable. Por ejemplo: "Cuando ingresaste a tu yerno en una posición operativa sin consultarme, yo sentí que actuabas como si la empresa fuera solo tuya y eso me enojó. No estoy diciendo que mi enojo sea justificado. Solo digo que no pude evitar sentirlo. Y no es la primera vez que me pasa frente a situaciones similares".

e) **Use lenguaje de proyecto y evite el lenguaje de guerra en todo momento.** Si está sentado allí intentando llevar adelante una conversación, suponemos que no será con la intención de "derrotar" a su compañero. Pues entonces no tome posiciones, establezca los intereses comunes que los unen y adopte de la idea ajena la mejor parte y simplemente deseche la peor. Priorice el propósito por sobre los detalles, no se empecine en que el otro "entienda su parte" y propóngase usted entender por qué el otro cree lo que cree indagando acerca de cómo llegó a esas conclusiones. Si hace una buena indagación se enterará de muchas cosas que le serán útiles para comprender y hacerse comprender.

f) **Mantenga abierto el diálogo durante el transcurso de la conversación.** Confíe en que la razón, el sentido, la verdad, es algo que no tienen ninguno de los dos, sino algo que circulará en la conversación entre ambos y que, si están atentos, ambos lo encontrarán y se compartirá, dado que se trata de una construcción que se produce entre las personas.

g) **Utilice la crítica pero nunca haga reproches.** El reproche es inconducente porque está orientado a que el otro se duela por algo que hizo en un tiempo pasado y que no tiene solución. En general, el reproche produce malestar y resistencia a seguir escuchando. En cambio la crítica está orientada al futuro y a lograr que algo que nos ha dañado no vuelva a suceder. Por ejemplo: si nos hemos sentido no tenidos en cuenta por el incumplimiento de horario en las reuniones de Directorio (conversación de sentimientos), podemos investigar cómo podemos hacer para que este hecho no se repita en el futuro (lenguaje de proyecto) de manera de crear un clima confortable para que los propósitos se cumplan o, en su defecto, redefinir los propósitos (crítica).

Por último, si todo se vuelve demasiado engorroso, deténgase, tómese un respiro, y proponga.

h) **Triangule la conversación.** Incluya la intervención de un agente externo que, ajeno a los intereses de las partes, cuente con buena voluntad, y si es posible con las habilidades técnicas requeridas, para que los ayude a reencauzar la conversación que necesita fluir.

Sabemos que todo esto le puede resultar poco espontáneo y muy laborioso, pero créanos, la experiencia nos dice que toda la energía que le demande la gestión ordenada de un conflicto no significará nada si lo compara con el costo que suelen dejar las heridas emocionales generadas por las resoluciones fallidas que involucran tanto a los negocios como a las familias.

20. Los consultores me dicen cosas que ya sabía

Una definición muy conocida del management reza: Un consultor es aquel a quien se le paga mucho dinero para que te diga algo que ya sabes. Por eso, muchos pequeños empresarios se resisten a contratan servicios de consultoría. Pero, ¿qué es exactamente lo que puede aportar un consultor?

A la hora de hablar de consultoría, algunos argumentos que suelen escucharse de los empresarios pyme son los siguientes:

- ¿Qué puede aportarme un consultor externo que no me aporte alguno de los profesionales que trabajan dentro de la empresa?
- Me va bien. Nadie conoce mi negocio como yo. ¿Para qué necesito un consultor?
- El consultor vendrá, me mostrará muchos defectos y luego se irá en el momento más importante, cuando haya que aplicar las soluciones.

Entonces, ¿cómo evaluar la utilidad de contratar un consultor en una pequeña o mediana organización? En todo caso, ¿sirven realmente estos servicios? ¿O es más conveniente dedicar los tal vez escasos recursos a tareas del día a día?

Veamos, a continuación, algunas respuestas para los argumentos de los pequeños empresarios cuando se oponen a la contratación de un consultor.

¿Qué puede ver el consultor que yo no vea?

Un psicólogo indaga en nuestro pasado, analiza nuestro presente y expone frente a nuestros ojos aquellas cosas que, por alguna razón, no podemos ver. También nos brinda una mirada externa y desinteresada sobre nuestra realidad, para luego ayudarnos a encontrar soluciones a nuestros conflictos.

En general, a los pequeños empresarios también les cuesta ver claramente su realidad. Las urgencias del día a día insumen la mayor parte de su tiempo, y les impiden "parar la pelota" y detenerse a analizar la situación estratégica actual y las opciones a futuro.

En este aspecto, un buen consultor podrá aportar su experiencia para elaborar un estado de situación y en base a esta información realizar diagnósticos que permitan planificar y poner orden en las distintas actividades.

El consultor no solo posee herramientas analíticas que el empresario no domina, sino que también, al observar la empresa "desde afuera" con una mirada objetiva y crítica, podrá descubrir problemas que ni el empresario ni sus empleados son capaces de detectar; es lo que se llama "miopía empresaria", que consiste en encerrarse en su día a día sin contrastar resultados, y asumiendo que todo está como debe ser. El consultor será quien intente reafirmar lo que está bien, pero marcará con claridad y objetividad lo que está mal.

Me va bien. Nadie conoce mi negocio mejor que yo

En este punto, lo primero que deberíamos preguntarnos es: "¿En qué nos basamos para decir que nos va bien?".

"Bien" es un concepto muy amplio. Según quien la analice, la empresa podría estar más o menos bien. Un viejo dicho dice algo así como: "Lo que no se puede medir, no se puede gestionar". En este punto es donde el consultor aportará mucho valor, llevará todas las discusiones a una realidad más medible, más real y así nos alejará de suposiciones para pasar a manejar realidades.

Por otro lado, es cierto que nadie conoce nuestro negocio mejor que nosotros. Sin embargo, ¿cuánto mejor podría estar si aplicáramos más (y más eficientemente) las herramientas que, por las razones que fuera, actualmente no estamos utilizando?

En el mundo de los negocios sabemos que todo es relativo y depende mucho de cómo se lo mire; algo que parece genial puede no serlo tanto. Por ejemplo, cuando hablamos de rentabilidad siempre puede ser de bueno a malo en función de cuánto capital tenemos invertido, o de qué alternativas de inversión nos perdemos por usar esos recursos en nuestro negocio actual.

El consultor se va cuando hay que aplicar soluciones

Este argumento es el más complejo de rebatir, es el talón de Aquiles de muchas consultorías.

En primer lugar, la consultoría debe estar perfectamente definida en cuanto a sus objetivos y a sus límites. Un consultor no debería transformarse nunca en empleado de la empresa; siempre es saludable que mantenga una distancia.

Dicho esto, hay que remarcar que un consultor no debería limitarse a detectar los problemas y plantear posibles soluciones, sino más bien a lograr que, durante el proceso, los mismos empresarios o gerentes sean quienes puedan descubrir e incorporar las herramientas para llevar adelante los cambios y las mejoras necesarias.

Existe la impresión de que un consultor es alguien que viene, hace su trabajo y no vuelve nunca más.

No hay ninguna razón para que esto sea así. Por el contrario, el consultor debería ser alguien que ayude a pensar la empresa de manera estratégica y constante. Lo que sí suele suceder es que el rol del consultor va cambiando, ya sea porque cambian las condiciones o porque se va ocupando de distintos problemas. Pero en parte es como la teoría de cuellos de botella, resolvemos algo y automáticamente surge otra cosa que antes no se veía o que no era prioridad.

Al comenzar el proyecto de consultoría es fundamental acordar etapas u objetivos bien definidos, asignar una fecha, un presupuesto y un curso de acción. Esto nos brindará una guía y también una forma de medir el desempeño. En general las etapas normales de una consultoría son las siguientes:

Análisis: aquí es donde se toma contacto con la realidad, se estudia la particularidad del proyecto y de la empresa, y se toma contacto también con los problemas de primera mano.

Diagnóstico: en función de lo encontrado en el paso anterior se elaboran diagnósticos y se empiezan a esbozar los primeros lineamientos de acción, asignando prioridades a los temas más importante y urgentes.

Plan: se desarrollan los distintos planes estratégicos y operativos basados en los diagnósticos.

Implementación: se acompaña al cliente en la implementación de todo lo establecido y se hacen los ajustes necesarios de acuerdo al día a día.

En definitiva, los pequeños empresarios suelen desconfiar de los consultores, en muchos casos porque desconocen realmente lo que estos pueden aportar. Personalmente, me gusta entenderlo como la posibilidad de sumar profesionales y *know how* de alta calidad a un precio que se pueda pagar, ya que con frecuencia las empresas no cuentan con el presupuesto para sumar gerentes de alta calidad y profesionalismo de forma permanente.

Como en todas las profesiones, existen buenos y malos, pero si tienen suerte o buscan bien y consiguen un consultor de calidad, estoy seguro de que sumarán mucho valor a su organización. ¡Anímense a explorar otras alternativas y así mejorar su tan amada empresa!

Modelo SET 360

Ya hemos presentado las 20 problemáticas pymes; las mismas surgieron de cientos de entrevistas con empresarios de todo tipo y ¡diferentes grados de locura!, como puedan imaginarse.

Durante años hice consultoría aplicando una rara mezcla de experiencia, sentido común, cientos de herramientas aprendidas en la facultad y cursos de posgrado. No obstante, sentía que no existía una herramienta que estuviera 100 % adaptada a la realidad pyme. Esa búsqueda llevó años, pero finalmente creo que la encontré junto con mi equipo de consultores.

Para que entiendan un poco más de lo que vendrá, y de paso para que puedan empezar a visualizarlo, les presento el modelo:

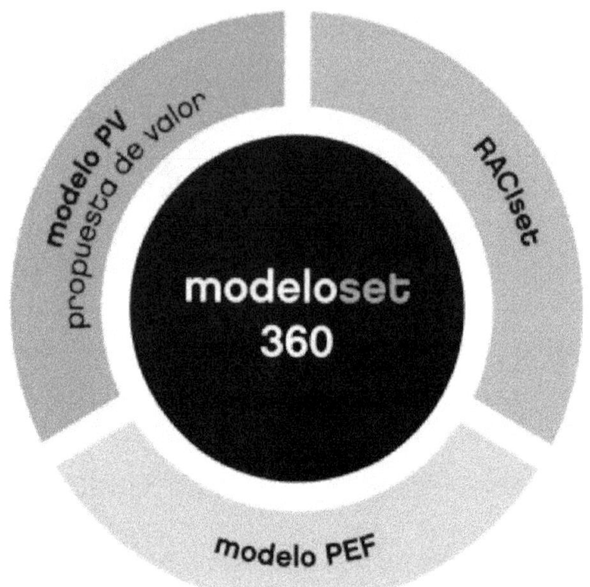

Modelo creado por Set Consulting

Siempre que explico el modelo lo ejemplifico con una torta de tres porciones, donde no hay una porción más importante que otra; para que una empresa esté en equilibrio la torta debe estar balanceada. Tampoco existe un orden de prioridades, aunque casi siempre se suele empezar por PEF; ya explicaré por qué.

Considero que la función de un gerente general o director es lograr que la empresa mantenga una forma de torta o círculo perfecto. Evitar que por cualquier decisión una parte crezca o se le preste más atención que al resto.

Cada porción atiende distintas problemáticas de la lista que vimos en capítulos anteriores; de hecho, surge como una respuesta a ellas.

¿Recuerdan que una de las problemáticas más comunes era "Cuanto más crezco peor estoy"? Como dijimos, esto sucede porque decidimos crecer –por lo general en ventas y estructura– y no nos damos cuenta de que estamos incrementando la complejidad de la organización, ¡y eso es lo que nos hace estar peor: no poder administrar la complejidad!

Siguiendo con el ejemplo de la torta, si solo ponemos el foco en el crecimiento de una de las porciones y no en las tres a la vez, lo que sucede es precisamente que esa torta se deforma.

Solo como ejemplo, elegiremos la que llamamos PEF: casualmente suele ser por la que se comienza en todas las pymes. Esta se ocupa de todo lo referido a números y es la clave para poder medir y saber si vamos bien. Por otro lado, si no empezamos por los números y lo hacemos, por ejemplo, por la parte comercial, y tenemos la suerte o la pericia necesaria para hacer crecer la empresa, podemos ser parte del problema y fundirla.

Ya en el capítulo "No sé si gano o pierdo con mi negocios" y en otros de la introducción, tratamos en profundidad el PEF. Solo como recordatorio, es en esta parte donde analizamos la empresa con tres sombreros, cada uno con un fin específico.

Cuando nos ponemos el sombrero de la P, es cuando queremos medir la empresa desde la mirada de un accionista; de esta forma el foco está en saber cuánto vale mi empresa, cuanto gané año a año, el riesgo asumido, el costo de oportunidad, el capital de trabajo necesario, etc. También es una herramienta muy valiosa para la toma de decisiones de inversión y para trabajar en el Directorio, como una base objetiva para medirnos.

El sombrero de la E nos dice si estamos ganando dinero operativamente, la rentabilidad por unidad de negocios, el margen de contribución, el impacto del incremento de estructura sobre cada unidad de negocios, el punto de equilibrio, el impacto de variables como el tipo de cambio, inflación, etc. Es una herramienta de gestión cotidiana y sirve como indicador para tomar decisiones a tiempo, y en lo corriente, nos ayuda a ver el impacto de un aumento de precios, entre muchas otras cosas.

Finalmente llegamos a la tan temida F. Digo temida porque los que sufren la parte financiera saben que no es fácil convivir con estos problemas, y que perder el control de esto es un camino sin regreso. En la F nos enfocamos en poder proyectar los movimientos de dinero entre ingresos y egresos y con esto anticiparnos a los problemas; y si logramos ser buenos en la administración financiera, hasta podremos ganar dinero adicional con la colocación de los excedentes en las distintas alternativas de renta.

Si tuviéramos que poner un orden entre las tres letras, diría que primero hay que trabajar lo financiero, seguido de lo económico y por último lo patrimonial, no por importancia, sino por urgencia.

Ser prolijo con los números es fundamental, y paradójicamente suele ser una de las grandes debilidades del pyme.

Ahora trataremos lo que llamamos RACI-SET o pasar de la desorganización a la organización. Se llama RACI, porque tomamos una de las herramientas de mayor utilidad que descubrimos para la reorganización empresaria. Dentro de esta parte es donde nos enfocamos en darle orden a lo que por lo general está desorganizado. En el capítulo "des-organigrama" (de Julián "Gaita" González) hablamos mucho de los problemas a los que nos enfrentamos en las pymes.

Aquí es donde trabajamos en los roles, el organigrama, la definición de tareas, complejidad, tiempos asignados a las tareas y por ende a los puestos, dimensionamos la organización y sus integrantes, trabajamos en la despersonalización de los puestos y en poder medir de manera objetiva lo que cada persona hace.

Como mencionamos antes, la delegación suele ser una gran deuda dentro de las pequeñas y medianas empresas; en parte esto sucede no porque no quieran, sino porque no saben cómo hacerlo. Aquí nos enfrentamos a cada puesto, no personas, y dimensionamos sus actividades, habilidades y tiempos.

En el fondo, las empresas son la sumatoria de muchos procesos interrelacionados que –como en una máquina–, si no están coordinados, pueden no dar el producto final deseado.

Durante mis estudios en Disney recuerdo una de las clases donde uno de los instructores dio una definición que creo muy oportuna: "La diferencia entre las grandes y las pequeñas organizaciones radica en los procesos".

La matriz RACI trabaja precisamente sobre cómo, y de forma simple, dar un orden a las personas dentro de una estructura y sus procesos. Para explicarla mejor recurrimos al fragmento de un excelente artículo escrito por Christian Longarini, experto en el tema:

"Antón pirulero, cada cual atiende su juego". ¿Quién no recuerda aquella famosa canción de nuestra infancia? Pues bien, una buena y clara definición de roles y responsabilidades resulta esencial para ejecutar los procesos de trabajo con agilidad y eficiencia.

Hay un dicho que reza: "Cuando todos son responsables, nadie es responsable". ¡Y vaya que esto lo sufrimos en nuestras empresas, con roles y responsabilidades no siempre bien definidos! Esto tiene varias consecuencias:

- Clientes insatisfechos porque no se les respondió en los plazos solicitados (hubo que hacer "varias escalas" internas para hallar la respuesta, ya que no estaba claro quién debía canalizarla).
- Oportunidades de compra con descuento desaprovechadas, porque nadie supo gestionar las autorizaciones necesarias para darles curso.
- Mal clima interno, echadas en cara, disputas…, porque las "reprimendas" por un negocio perdido se repartieron indiscriminadamente.
- Pérdida de tiempo por recepción de decenas de emails en vano, o peor aún, no recepción de emails importantes, necesarios para poder tomar decisiones oportunas.
- Empleados desmotivados porque quieren desarrollar sus actividades y les falta autoridad para resolver determinadas cuestiones a su cargo.

Estos ejemplos constituyen solo la punta del iceberg, a modo ilustrativo.

La matriz RACI

Por fortuna existen algunas herramientas (simples, concretas y útiles) para minimizar el impacto de este tipo de situaciones, como por ejemplo la Matriz RACI.

RACI proviene de una sigla en inglés:

- "R" (*Responsible*): es quien ejecuta una tarea. Su función es "hacer".
- "A" (*Accountable*): es quien vela porque la tarea se cumpla, aun sin tener que ejecutarla en persona. Su función es "hacer-hacer".
- "C" (*Consulted*): indica que una persona o área debe ser consultada respecto de la realización de una tarea.
- "I" (*Informed*): indica que una persona o área debe ser informada respecto de la realización de una tarea.

Para aplicarla basta con seguir unas pocas acciones, bastante simples.

1. Identificar las actividades de algún proceso (y colocarlas como filas de la matriz).
2. Identificar/definir los principales roles funcionales (y colocarlos como columnas de la matriz).
3. Asignar los códigos RACI a cada tarea (aquí la cosa se potencia si se logra hacer en equipo).
4. Identificar ambigüedades o problemas (solapamientos, vacíos, dudas, etc.) y trabajar para solucionarlos.
5. Distribuir la matriz e incorporar el feedback.
6. Comunicarla de modo efectivo a todos los involucrados en el proceso.
7. Asegurarse de que se haga una actualización periódica de la matriz.

Un mismo rol puede ser compartido por más de una persona o viceversa (sobre todo en organizaciones más pequeñas).

A modo de ejemplo, podemos ver una matriz RACI de un negocio de venta de flores:

Tareas / Actividades	Propietario	Encargado	Empleado de mostrador	Cajero	Cadete motoquero	Decorador	Contador	Constructor	Publicista	Clientes	Comerciantes del barrio
Atención a clientes en el local	I	A	R						C		
Cobro a clientes		A		R	R						
Compra de insumos	I	A/R	C	C		C					
Pago a proveedores	I	A		R							
Envíos a domicilio		A			R						
Mantenimiento del negocio		A	R			R					
Pago de servicios e impuestos	A	R					C				
Diseño de la publicidad	A								R		C
Difusión de la publicidad		A	R		R				C	I	C
Toma de decisiones estratégicas	A/R	C/1					C	C			C

Algunos *tips*

- La regla por excelencia es que para cada actividad o tarea debe haber "una y solo una" letra "A", ya que el responsable final de llevarla a cabo tiene que tener un único rol.

- Todo rol con una "A" debe poseer la autoridad suficiente para desempeñarlo.
- Intentar que las letras "R" estén referidas a tareas concretas y específicas, para que no resulten ambiguas.
- No pretender "linkear" automáticamente procesos con departamentos. Las tareas del proceso bajo análisis seguramente involucren roles de más de un departamento.
- Hacer caso a la matriz. ¡Si un rol no tiene una "I" no le envíe copia de los mails! Y viceversa, si un rol tiene una "I" en una tarea determinada, ¡no omita enviarle copia!
- No tomar decisiones antes de obtener la respuesta del rol con "C". Si lo consultó, ¡aguarde su aporte! En cambio, no detenga su marcha ante una "I", en tal caso con avisar ya es suficiente.

Análisis y "lectura" de la matriz

La matriz RACI resulta de utilidad para efectuar un análisis de los procesos de la organización.

Desde un análisis vertical (es decir, a nivel roles) es posible obtener determinadas interpretaciones:

- Excesivas "R" a cargo de un mismo rol (¿podría estar existiendo un cuello de botella allí?).
- Inexistencia de espacios vacíos (¿es necesario que ese rol esté implicado en tantas tareas?).
- Excesivas "A" para un mismo rol (¿podría pensarse en una mayor delegación de responsabilidades?).
- Inexistencia de "R" o "A" en un rol de línea (¿es un rol realmente necesario en este proceso?).
- Existencia de "R" en tareas que deben ser independientes entre sí (¿hay una debida segregación de funciones, que asegure un adecuado control por oposición de intereses?).

Desde un análisis horizontal (es decir, a nivel de tareas) también se pueden obtener luces:

- Excesivas "R" en una misma tarea (¿podemos asegurar que dicha tarea no está duplicada?, ¿habrá que subdividirla en subtareas más específicas?).
- Inexistencia de "R" (¿podría suceder que nadie vea dicha tarea como propia y entonces nadie la ejecute? ¿O será necesario tal vez definir un nuevo rol actualmente inexistente?).
- Demasiadas "C" (¿es realmente "costo-beneficioso" recurrir a tantas consultas?).
- Excesivas "I" (¿no estaremos siendo burocráticos al informar rutinariamente a tantas personas? ¿Puede pensarse en informarlos solo ante excepciones?).
- Inexistencia de "A", implica que nadie garantiza el cumplimiento (¿nadie pondrá la cara si la tarea no se efectúa?).
- Inexistencias de "C" o "I" (¿podría deberse a deficiencias en las comunicaciones?).

Quedará a criterio de cada lector animarse a utilizar esta herramienta, y a efectuar su propio análisis y lectura de los hallazgos. Les aseguramos que realmente es muy valiosa.

Les aclaramos, basados en nuestra experiencia, que esta herramienta tiene un efecto secundario: echa gente; pero no se preocupe ya que las personas que quedan expuestas suelen ser las que siempre dicen estar ocupadas, sin tiempo para nada, pero frente a la realidad de la matriz quedan expuestas y muchas veces prefieren renunciar que asumir el cambio.

A continuación un cuento que ejemplifica precisamente lo que queremos evitar en esta porción de la torta.

Hay un viejo cuento con cuatro personajes: Todos, Alguien, Cualquiera y Nadie.

Ocurre que había que hacer un trabajo importante, y Todos

sabía que Alguien lo haría. Cualquiera podría haberlo hecho, pero Nadie lo hizo. Alguien se enojó cuando se enteró, porque le hubiera correspondido a Todos. El resultado fue que Todos creía que lo haría Cualquiera, y Nadie se dio cuenta de que Alguien no lo haría.

¿Cómo termina la historia? Alguien reprochó a Todos porque en realidad Nadie hizo lo que hubiese podido hacer Cualquiera.

¿Quién no sufrió estas problemáticas en su organización? Y ¿cuánto pagarían para resolverlas? En SET sabemos que si la empresa no está organizada, no cuenta con procesos y división de tareas, lo primero que sucede es que se sufre el día a día y lo segundo es que resulta muy difícil poder crecer.

Por último, llegamos a la porción de la torta que realmente es la más valiosa, no quería decirlo antes, pero es así. Resulta que tener una estructura organizada y los números claros es un requisito fundamental pero no suficiente. El centro de gravedad de toda organización es su estrategia; sin estrategia las operaciones toman el control, y cuando esto sucede, pasamos a depender del mercado, a que este sea bueno con nuestro modelo de negocios. Nuestro futuro ya no es nuestro y dependemos de lo que los demás decidan, y a la vez somos más débiles frente a posibles cambios o crisis de mercado.

Como les contaba al principio del libro, uno de mis primeros emprendimientos fue una casa de informática en Argentina. Contaré esta breve historia para ejemplificar lo importante de estar focalizado en la estrategia y en los cambios que sufren todos los modelos de negocios.

Siempre pienso en los modelos de negocios como un gran río; el río de los modelos de negocios en general, el de la industria. En mi caso, ese río era el río de los negocios relacionados con la comercialización de productos informáticos.

Esos ríos pueden ser muy caudalosos y con una fuerte corriente; por ende, si uno decide tirarse a él con su negocio, con solo saber flotar podrá avanzar mucho. Obviamente si sabe nadar podrá hacerlo mucho más rápido.

Con mi socio nos tiramos en ese río que nos arrastró con mucha fuerza, tanto que crecimos muchísimo con una mínima inversión.

Durante más de ocho años, con solo saber hacer el negocio y ser un poco ordenados alcanzaba; pero no solo a nosotros, sino también a todos los que se metieron en la industria, tanto que en esos años, el mercado pasó de tener 10 empresas dedicadas al rubro, a más de 90. Lo que indica que la demanda superaba con creces la oferta.

Vender computadores era relativamente fácil: solo había que dar un buen servicio. Por otro lado, a los proveedores *retail* (minoristas) no les gustaba el negocio porque esos aparatos, en 1998, se rompían mucho y ellos no eran buenos atendiendo a los clientes cuando tenían un problema.

Recuerdo el día en que nuestro gerente de compras nos llamó para mostrarnos un nuevo producto, era una notebook que venía con un sistema operativo superestable y a un precio excelente.

Nuestra primera reacción fue de felicidad: sentíamos que ese producto era lo que el mercado buscaba y necesitaba.

También recuerdo que al poco tiempo me reuní con mi socio y le dije:

—Germán, estamos en problemas.

—¿Por qué? —me preguntó él.

—Ahora lo que vendemos es un *commodity* y nos va a costar diferenciarnos —le respondí.

A los pocos meses vimos un cambio rotundo en nuestro modelo de negocios: todos los *retail* se lanzaron a vender estas nuevas computadoras; ahora no se rompían y tenían mucha demanda. Agregaron grandes oportunidades de financiación y así nuestro modelo cambió de manera definitiva. Tanto que en solo dos años, de las más de 90 empresas solo quedaban 20, y todas con serios problemas para poder sobrevivir.

Yo vi morir un modelo de negocios. En este caso era el mío. Ese río con corriente positiva ahora era negativa y no alcanzaba con saber nadar para sobrevivir, era necesario reinventarse por completo.

El triángulo del modelo que llamamos Modelo PV es precisamente el que se enfoca en analizar nuestro modelo de negocios y revisar qué cambios son necesarios para poder mantenerse competitivo y, por qué no, ser un promotor del cambio mismo y así liderar nuestra industria. En esta porción es donde nos preguntamos: ¿estaremos haciendo bien nuestro negocio?, ¿qué podemos hacer para convertirnos en líderes del mercado?, ¿estamos vendiendo todo lo que podemos?, ¿qué estará cambiando, qué no estaremos viendo?

También es aquí donde nos enfocamos en comprender cómo debe ser el área comercial ideal. Esta debe consolidar todo lo referido a marketing on-off line y poner foco en generar demanda de calidad para nuestra organización y un posicionamiento de marca acorde con lo que nuestra estrategia defina.

También trabajamos en cómo definir la fuerza de ventas ideal, no solo para administrar a los nuevos clientes, sino para administrar de la mejor forma a los clientes actuales, tal vez el activo más importante de la organización.

Si bien la estrategia suele delegarse en la cabeza de la organización, la realidad es que debe ser transversal a toda la empresa, y lo que la hace fuerte es precisamente que todos la entiendan y que todos aporten, desde el conocimiento de la operación y el contacto con el mercado, hasta ideas para renovarla, actualizarla o mejorarla.

Osterwalder –que ya fue nombrado en este mismo libro–, no solo fue el creador del modelo Canvas, sino que para mí fue el que dio una de las definiciones más claras sobre estrategia.

Un modelo de negocios describe la forma en que una organización crea, desarrolla y captura valor.

Valor no es precio, el precio es la expresión monetaria del valor. Por ende, si queremos dejar de pelear por el precio y ser líderes del mercado, el foco de la estrategia debe estar en cómo generamos valor, cómo nos diferenciamos del resto.

Es común que el pyme crea que por su tamaño es imposible ser revolucionario o tener la capacidad de generar un cambio real en el mercado. Pero nada está más lejos de la realidad. Son las pequeñas organizaciones las que tienen el poder de generar cambios que de a poco lo cambian todo. ¿Por qué? Porque son más agiles, pueden probar las ideas más rápido y con una devolución instantánea por parte de los clientes.

Finalmente, nosotros no decidimos qué lugar vamos a ocupar en el mercado, sino que es el mercado quien nos asigna uno, basado en nuestras propuestas de valor, nuestras actitudes, y así el dios de los negocios, llamado Cliente, nos dará el visto bueno para seguir existiendo.

Conclusiones

Suelo terminar mis conferencias diciendo "hemos llegado al final de un largo camino" y creo que así es ahora.

¿Qué me gustaría que te esté pasando al finalizar el libro? Que cuando cierres estas páginas, te quedes en silencio, con la mirada perdida en algún punto de tu habitación o donde sea que estés, y sientas que no sos el mismo ahora que antes de leerlo. Tal vez parezca ambicioso, pero realmente escribí este libro –junto con el aporte de excelentes profesionales–, esperando que sea una herramienta de reflexión y generación de cambio.

También debería ser una instancia de autoevaluación para tu liderazgo empresario, ya que te fuiste enfrentando a diferentes problemáticas con las que te habrás sentido más o menos identificado. Quizás, frente a algunas sentiste que estabas bien, que ese tema lo tenías dominado, y frente a otras sentiste que estabas en graves problemas. Sea como sea, poder mirarnos al espejo es ya un gran logro.

Ser empresario no es fácil, pero es una tarea de gran valor para la sociedad en la que vivimos: generamos trabajo, generamos riquezas, podemos resolver carencias dentro de un mercado con grandes necesidades.

Hace años decidí que mi aporte –poco o mucho–, a esta sociedad, estaría relacionado con ayudar a la mayor cantidad posible de empresarios a ser mejores, ya que si logro esta misión estaré ayudando a la sociedad en su conjunto.

Las pymes conforman más del 70 % de la economía de un país, por lo tanto, si ellas mejoran, el país mejora.

También me puse como objetivo acompañar a los líderes empresarios, para aplacar en parte esa soledad tan característica de la cima empresaria. Acompañarlos, contenerlos, sugerir alternativas. Intentar que su día a día sea más fácil y disfrutable.

Hasta aquí nuestro aporte, de ahora en más depende de vos lo que hagas con esto.

Muchas gracias por acompañarnos en este camino.